子ども虐待対応のネットワークづくり

1

松宮透髙・黒田公美 監修

松宮透髙 編

メンタルヘルス問題のある親の子育てと暮らしへの支援

先駆的支援活動例にみるそのまなざしと機能

福村出版

はじめに――〝深い溝〟に架ける様々な「橋」のかたち

本書の特徴のひとつは、子ども虐待と親のメンタルヘルス問題との接点に着目しているところにある。近年、この問題を取りあげた書籍や論文が散見されるようになったとはいえ、その数はまだ決して多くはなくとりわけ、その具体的な支援方策についての議論は乏しい。子ども虐待をめぐる議論が活発になり社会の注目を集めるようになったものの、その発生要因の重要なひとつとされる親のメンタルヘルス問題への接近は、不十分と言わざるをえない。その中にあって、多様な立場から実際にこうした世帯への支援に取り組みあるいは研究を展開しておられる方々とともに本書を上梓できたことは、まさに有り難いことだと思っている。

第二に、議論の焦点を生活支援に置いている点が挙げられる。親のメンタルヘルス問題への着目となれば、精神科医療やその受診に向けた働きかけをまず連想されるかも知れない。たしかに、それ自体が重要な課題となるケースもみられるが、実際にはメンタルヘルス問題の「症状」そのものが子ども虐待を引き起こしたという事例ばかりではなく、むしろ、様々な生活問題への対応がメンタルヘルス問題に伴う直接間接の影響により適切にできなかったことが関係していると思われる事例は多い。日常生活、子育て、人間関係、仕事、お金など「多因子の複合」により生じる問題であるだけに、その支援もまた多領域の機関や専門職の積極的な関わりと連携がなければ、適切な対応は難しい。しかし、保健・医療・福祉という領域間で、また生活に直結する児童福祉と精神保健福祉との間で、あるいは児童相談所・市町村・地域の支援機関という異なる機能を持つ組織間など、関係する境界域において乗り越えなくてはならない「溝」は深い。子ども虐待問題を論じるにあたり、原因を個人の病理にのみ求める過度な「医療化」に陥ることは危険であるが、すべての要因を社会環境や生活問題に求めることもまた適切ではない。その意味で、精神科医療との接点を意識しつつ生活に軸足を置いてこうした世帯への支援を議論した点は、本書の持つ意義の中核になると考えている。

そして第三は、多様な支援の取り組みを具体的に例示した点にある。この課題への定型化された対策やシステムは未だ確立されてはいないため、先駆的な取り組み例の紹介を通してその要点を抽出する他なかった、とも言える。メンタルヘルス問題のある親による子ども養育世帯への支援、さらにはそうした世帯で生じた虐待への対応において、その支援者の負担感やストレスは大きいことが指摘されているが、その背景には支援機関におけるメンタルヘルス問題への対応機能の乏しさやソーシャルワーク機能の不十分さがある。関係領域間における認識の差異やそれらに伴う連携不全など、根深く構造的な問題があることも明らかになってきた。これらの改善なくして子ども虐待対策の進展は望めないのではないか。そう感じてきたからこそ、領域を超え積極的に支援を展開している先駆的活動例に学ぶところは大きいと考えた。筆者は、研究論文、実践報告、報道その他を通じて知った全国各地の取り組みの現場に、十数年をかけて実際にお邪魔させていただいた。本書で紹介する活動例はその一部であり、他にも多様な取り組みが全国で展開されはじめている。これら活動の形態は様々ではあったが、いずれにも共通していたのは、メンタルヘルス問題及び生活問題への理解や対応機能がチーム内にあること、世帯ぐるみの支援志向、関係機関とのネットワーク、病理だけでなく親子の持つ可能性への肯定的な着眼、スタッフの主体的積極的な支援姿勢とチームワーク、これらを支えるチームマネジメント機能が働いている、ということであった。

これらの取り組みを、実践者自身の声で紹介できる場を設けたいという想いから、シンポジウム〝深い溝〟に架ける、様々な〈橋〉のかたち――児童福祉と精神保健医療福祉の先駆的連携活動例に学ぶ」を企画した。これが実現したのが、２０１７（平成29）12月に千葉県幕張メッセで開催された、日本子ども虐待防止学会である。本書は、そのシンポジストを中心とした実践者たちと研究チームのメンバーによってまとめられたものである。まずは様々なバリエーションの活動形態を取りあげることを意識したため、紙幅の関係でご紹介できなかった活動も多い。改めて、より広範な取り組み例をご紹介しつつ有効な支援実践のコアを明らかにする機会を持ちたいと願っている。

なお、このシンポジウム実現の背景には、この企画を採択していただいた日本子ども虐待防止学会、そして科学技術振興機構（JST）社会技術研究開発センター（RISTEX）「安全な暮らしをつくる新しい公／私空間の構築」研究開発領域研究開発プロジェクト「養育者支援によって子どもの虐待を低減させるシステムの構築」（代表：理化学研究所黒田公美）による研究助成があった。

この本が、こうした課題への対応に関する議論を喚起し、各地に「橋」が架けられるきっかけとなることを心から祈っている。

2018年9月　とりわけ厳しかった夏の終わりに

編者　松宮透高（県立広島大学）

子ども虐待対応のネットワークづくり

1

メンタルヘルス問題のある親の子育てと暮らしへの支援
――先駆的支援活動例にみるそのまなざしと機能　目次

はじめに――〝深い溝〟に架ける様々な「橋」のかたち――iii
松宮透髙（県立広島大学）

序　章　メンタルヘルス問題のある親による子ども虐待――1
松宮透髙（県立広島大学）

第Ⅰ部　児童福祉と精神保健医療福祉の先駆的連携活動例

第1章　精神疾患の親と暮らす子どもへの支援――16
土田幸子（鈴鹿医療科学大学）

第2章　ACT（包括型地域生活支援）プログラムによる世帯支援実践――32
梁田英麿（精神保健福祉士）・金井浩一（精神保健福祉士）

第3章　浦河町における当事者を中心とした応援ミーティングの取り組み――52
伊藤恵里子（精神保健福祉士）・川村敏明（医師）

第4章　沖縄県糸満市における行政と民間機関の連携による世帯支援　69
山城涼子（精神保健福祉士）

第Ⅱ部　生活支援から考える子ども虐待への対策

第5章　カナダ・トロントの支援者に学ぶ　82
白石優子（理化学研究所）

第6章　虐待ハイリスク世帯への支援システム　113
――要保護児童対策地域協議会の機能に着目して
田中聡子（県立広島大学）

第7章　メンタルヘルス問題のある親とその子どもを支えるまなざしと関わり　129
松宮透髙（県立広島大学）

付　表　139

おわりに――親と子、それぞれの立場、ほどよい関係への支援　144
黒田公美（理化学研究所）

序章

メンタルヘルス問題のある親による子ども虐待

松宮透髙（県立広島大学）

1　子ども虐待問題への社会的着目

子ども虐待が社会問題として認知されるようになり、その対策は近年になって制度・体制上一定の進展をみた。それでもなお、痛ましい報道が途切れることは無い。子ども虐待の推移を論じる上で取りあげられる指標の一つに、厚生労働省が発表する「児童虐待相談件数」がある。平成29年度に全国の児童相談所が対応したその件数は13万3778件（速報値）に達し、平成2年度の1101件と比較すると約122倍にもなっている（厚生労働省 2018年a）。ただし、近年の子ども虐待に関する認識の市民への浸透や、面前DV（子どもを前にした夫婦間暴力）を心理的虐待と捉え警察経由での通告が加わったこともあり、この数値だけをもって子ども虐待が「増加」したとは言い切れない面もある。とはいえ、詳細に感知するならばこれほどの数にもなる現象が、それ以前の長きにわたり十分に気づかれることも相談に至ることもなく潜在していた可能性があることにこそ、私たちは戦慄しなくてはならない。そのために命を奪われ、あるいは発達期を辛い思いで過ごし、さらには成人後も長期にわたり生きづらさを抱えているかつての子どもたちも少なくないことだろう。また、何らかの要因により適切な子ども養育ができない親たちにとっても、「親なのに」という周囲の厳しい眼差しの中でかえって困難感と孤立感を深め、積極的に支援につながれないということがあるかも知れない。毎年過去最高を更新し続けるこの数値は、深刻な現実をこれまで知らなかった、気づかなかった、そうした見方を持っていなかっただけではないのか、と私たちに直視を迫る。今後は、こうして感知された後にどのような対応ができるのか、が問われることになろう。

これら多くの相談や通告の中には、子どもの命が失われた例も含まれる。その実態を統計的及び事例的に検証してきたのが、「子ども虐待による死亡事例等の検証結果等について」(社会保障審議会児童部会児童虐待等要保護事例の検証に関する専門委員会)である。最新の第14次報告(厚生労働省 2018b)によると、平成28年4月1日から平成29年3月31日までの間に発生もしくは表面化した子ども虐待死亡事例は、49例49人であった。このうち0歳は32人で虐待死亡例の65・3%を占め、とくに月齢0ヶ月の新生児が16人と半数に達するなど、新生児期から乳児期ひいては妊娠期からの親へのケアの重要性が示唆される結果となった。また、心中による虐待死亡例も18例28人にみられており、毎年少なからぬ子どもたちが親の自殺に巻き込まれている。すなわち、子ども虐待の予防や介入においては、子どもの保護のみならず親への支援もまた重要な課題といえる。

2 虐待した親にみられるメンタルヘルス問題

(1) 公的統計から

この死亡事例検証報告の中で毎次指摘されているのが、「養育者(実父母)の心理的・精神的問題等」の存在である。第10次報告ではこれが特集され、親のメンタルヘルス問題が注目される契機となった。統計項目がそろう第3次報告から最新の第14次報告までの数値を平均すると、たとえば実母による心中以外の虐待死596例中、**表1**(巻末付表)に示すように「精神疾患(医師の診断によるもの)」10・9%、「うつ状態」12・4%、「産後うつ」5・7%、「知的障害」4・4%などの他、「養育能力の低さ」29・2%、「育児不安」

26・5%などがみられている。これらは複数回答によるもので区分の系統性にも若干欠けるため全体像がつかみにくい面はあるものの、被虐待死亡児の親にこれら「心理的・精神的問題等」が一定割合該当していることがわかる。また、「精神疾患（医師の診断によるもの）」という区分があることから、逆に未受診・未治療ながら何らかのメンタルヘルス問題が疑われる例が少なからず含まれていることもわかる。

また、5年ごとに実施される「児童養護施設入所児童等調査」の結果（平成25年2月1日現在）によると、児童福祉施設における「養護問題発生理由別児童数」は**表2**（巻末付表）の通りである（厚生労働省 2015年）。最新の調査結果は公表前のためこれが最新の数値となるが、たとえば母親の「精神疾患等」が養護問題の発生要因となった児童は12・5%であった。設問から見て明確に精神疾患等が把握された例に限定された数値と思われるが、このように入所措置の主要な要因のひとつとしても親のメンタルヘルス問題は挙げられている。

（2）児童福祉施設の調査から

編者らは、数次にわたる調査を通して子どもを虐待した親にみられるメンタルヘルス問題の実態把握を試みてきた。先行研究では医療機関や児童相談所、母子保健現場などを対象としたものが多く、入所に至ったいわば困難性の高い世帯と関わる児童福祉施設を対象とした調査はごく限られていたため、まずは児童福祉施設における実態把握に取り組むこととした。

そこで、協力が得られたある児童養護施設における探索的な調査を通して概要をつかみ、さらに調査対象を拡大して一般的傾向を探り、そこから新たに浮上した課題に合わせて調査項目を修正し焦点を移しながら調査を重ねた。そのうち、①入所児童のうち被虐待経験のある入所児童の割合、②親に何らかのメンタルヘルス問題がみられる入所児童の割合、③被虐待経験のある入所児童のうちメンタルヘルス問題のある親による被虐待児童が占める割合、に関する各調査の結果を**表３**（巻末付表）に示す。調査１では該当する全ケースについて職員への詳細なヒアリングを行い、調査４では入所児童全員に関するデータを詳細に分析したため、回答者による設問の解釈の違いなどが生じにくかったためか比較的高い数値が示されている。調査３では、被虐待児のうち親にメンタルヘルス問題がみられると感じる割合を回答者に尋ねており、必ずしも実数ではないが回答者の実感を反映した数値となっている。「被虐待経験児童のうちメンタルヘルス問題のある親に虐待された児童の割合」は、これらの調査に共通して６割前後が該当すると捉えられていた。調査２と５は全国悉皆調査で、該当する児童の実数のみを尋ねて児童数に対する割合を算出したが、ここでは５割未満が該当すると認識されていた。対象や調査項目が一律ではないため正確な経年変化は捉えられないものの、調査条件が類似する平成20年と平成30年の調査結果を見る限り、施設入所児童の親にメンタルヘルス問題がみられる割合は増加傾向にあり、４割程度を占めている。また、被虐待経験のある入所児童のうち親にメンタルヘルス問題がみられる割合は平均で５割弱と捉えられている。

（３）要保護児童対策地域協議会の調査から

要保護児童対策地域協議会（以下、要対協）は、虐待や非行などがみられる子どもについて、早期発見と迅速な支援開始、情報の共有化、関係機関の連携などを目的として、全国の市区町村の大半に設置されている。地域における要保護児童世帯をモニタリングし、支援体制をマネジメントする機能がどう発揮できるかは、自治体の子ども虐待防止機能をも左右し得る。そこで、活動実態や支援体制、とりわけ親にメンタルヘルス問題のある世帯への支援機能を把握するための全国調査を実施した。その結果、回答のあった自治体の要対協で対応を協議している世帯のうち、虐待ケースは平均して94・８％を占めており、親に何らかのメンタルヘルス問題がみられる世帯は30・８％に達していた（松宮・田中 ２０１７年、一部修正）。

以上のように、本研究における子ども虐待をした親に何らかのメンタルヘルス問題がみられる割合は、先に見たように公的統計と比較して高くなっている。調査の方法や対象の相違のみならず、本研究ではあえて広義に「メンタルヘルス問題」と捉えているため、必ずしも医学的判断を経ていないデータも含まれていることも一因と考えられる（調査4では「親にメンタルヘルス問題あり」とカウントした世帯のうち「根拠となる情報なし（回答者判断）」が10・6%みられている）。いずれにせよ、子ども虐待問題は同時に精神保健医療福祉問題でもあると言わざるをえない（松宮 2013年）。この調査結果からは、施設への入所措置を決定する児童相談所、入所に至った子どもたちに日常的に接し家庭復帰支援やアフターケアまでを担う児童福祉施設、地域での子ども虐待防止に取り組む市区町村要対協の各職員にとって、メンタルヘルス問題のある親と接する機会は高率にあると考えられる。推進が求められている家庭復帰支援を例に取れば、親たちの生活や育児の機能を児童相談所とともにアセスメントしてその可否を検討する必要があり、面会、外泊、家庭訪問、交渉など多様な関わりを長期に行うことになる。アフターケアにおいても、親のメンタルヘルス問題への対応、生活や子育ての支援、子どもへの支援などが総合的・継続的に必要となる。家庭復帰はできなくとも親子関係の再構築を図る家族再統合支援でも、やはりこうした支援は欠かせない。そのため、子ども虐待対応や児童福祉に関わる機関とその専門職には、メンタルヘルス問題への理解をはじめ精神保健福祉の支援機能を持つこと、あるいはその専門機関と連携することが不可欠な条件になると思われる。

3　親の「メンタルヘルス問題」について

本研究の調査2では、入所児童の親の主なメンタルヘルス問題の種別に関する設問をしており、**図1**（巻末付表）はその結果を示したものである。これによると、うつ病などの感情障害が最多で統合失調症は1割程度であり、これは医療機関などにおける先行研究とも一致する傾向であった。なお、「不明・その他」とする回答も4分の1を占めている。このように、診断に関する情報はないものの何らかのメンタルヘルス問題が疑われるという回答者の判断による数値が混在している可能性があること、「不明・その他」の内訳を明らかにすることの困難性から、これは医学的に正確なデータとは言えないことには注意が必要である。

なお、ここで「メンタルヘルス問題」と表記していることには、三つの理由がある（本書では敢えて執筆者間の統一を図ってはいない）。その第一は、「精神障害」「精神疾患」「精神的問題」「心理的問題」「性格傾向」など先行研究における調査対象の定義が必ずしも一定ではないことから、これに伴う議論の混乱を避ける必要があったためである。社会福祉領域では「うつ病」や「統合失調症」など内因性で慢性化した精神疾患は精神保健福祉手帳や障害年金対象としての「障害」に該当するが、別の精神疾患に由来する「うつ状態」や「神経症」「人格障害」「薬物依存」などは該当しない。一方、精神医学領域では疾患を全般的に「障害」と表記する傾向がみられる。先に示した調査結果を例にとれば、精神科病院入院患者の多くを占める統合失調症は子ども虐待事例においては1割程度であり、「うつ状態」と本態的な「うつ病」がここで正確に弁別できている確証もない。そのため「精神障害」に該当する親が中核を占めるとは言い切れず、虐待した親に対するスティグマの生起を防止する上でも「精神障害者による子ども虐待が多い」といった表現は避けるべきと考える。ここに「メンタルヘルス問題」と表記する中心的な意味がある。

第二は、この問題を医学的判断に依拠して論ずることの困難性からである。虐待した親すべてを対象に精神科医による確定診断をしてメンタルヘルス問題の有無や種別を明確化することは、物理的にも倫理的にも不可能と考えられるため、その完全な実態把握は将来にわたり困難と思われる。児童福祉施設においても、親のメンタルヘルス問題についての十分なアセスメントができないままに子どもが入所し、一定期間が経過してから親と継続的に接する施設職員が気づいたり親族等からの情報で明らかになったりすることもある。

そもそも未受診のため診断自体ができない事例も稀ではなく、親たちの精神科受診を一律に求めることも困難である。しかし、実際には対応に困難を感じる親との接触頻度は高いため、医学的な診断が得られた事例だけに着目したのでは児童相談所や児童福祉施設などの職員の実感が対策に反映され難いと思われる。

第三に、本研究ではソーシャルワークの視点からこうした世帯の実態を把握し支援拡充につなぐことを目ざしたことから、多様な生活上の「困難」のひとつとして精神保健問題を位置づけようとしたためである。子ども虐待の発生要因には親のメンタルヘルス問題の他にも、貧困や子育ての困難など多要因の複合があると指摘されている（松本ら 2010年）。実際に、先述の調査1ではメンタルヘルス問題のある親による被虐待児童の30・8％に知的障害、ADHD、慢性内部疾患などがみられ、調査対象施設に入所していないきょうだいも含めると親の55・6％は何らかの障害のある子どもを養育していた。さらに母子世帯が半数、生活保護受給世帯が3分の1を占め、両親がともに心理社会的問題を抱える世帯も散見された。調査2でも、入所児童のうち30・0％に何らかの障害があると認識され、障害がない児童よりも障害がある児童の方が約2倍の割合で虐待を受けていた。メンタルヘルス問題のある親による被虐待入所児童の44・6％が生活保護世帯、36・4％が非課税世帯に属しており、合計80・9％が低所得状態にあった。また、当事者へのインタビュー調査（松宮 2016年）からは、金銭的問題や子育てが十分できていない後ろめたさから、周囲との関係を断ち孤立することでその発覚や直面を防ごうとする行動パターンがあることも示唆された。

このように、親のメンタルヘルス問題、貧困をはじめとする生活問題、子どもの障害に伴う育てにくさ、社会的な孤立などが複合した環境下で子ども虐待が発生しやすいのだとすれば、その対策もまたメンタルヘルス問題への支援、生活支援、子育て支援、子どもへの支援などを総合したものにならざるをえない。親の精神病理に焦点化するだけで子ども虐待が防止できるとは言い切れず、精神科受診が親の子育て機能の回復や向上、生活環境の改善までを担保するものでもないため、総合的な支援のあり方を検討する必要がある。

4 親にメンタルヘルス問題がみられる世帯への支援実態

先述の諸調査においては、支援体制などに関する設問もしており、次にそこから明らかになった状況について簡略に整理しておきたい。

（1）メンタルヘルス問題のある親に対して、支援者は困難やストレスを感じている

児童福祉施設の家庭支援専門相談員を対象とした調査2において、「親にメンタルヘルス問題がみられる事例はそれ以外の事例よりも支援が難しい」とする回答は91・4％、「強いストレスになる」も56・7％に達し、支援者の困難感やストレスにつながりやすいことが明らかになった。また、児童相談所・児童家庭支援センター及び児童福祉施設の相談援助職、医療機関に所属する精神保健福祉士を対象とした調査3では、相談機関はメンタルヘルス問題のある親による不適切な育児事例や虐待事例と最も頻繁に接しており、児童福祉施設はその家族再統合をはじめとする支援を直接担当する機会が最も多かった。これらの相談援助職は当該事例の支援に対して困難感や大きなストレスを感じており、一方、精神保健福祉士はその困難感やストレスを有意に低く捉えていたが、子ども虐待事例への関与度自体も低かった。

（2）支援体制や精神保健福祉との連携は不十分な状況にある

また調査3においては、有資格者配置の少なさ、メンタルヘルス問題に関する知識・技能・経験・研修の乏しさ、支援プログラムや児童福祉と精神保健福祉との連携の不足があると認識されていることも把握した。メンタルヘルス問題のある親と直接頻繁に接する児童相談所や児童福祉施設の相談援助職は、基盤となる支

援体制や連携が乏しい中で対応せざるをえず、上記の困難感やストレスはむしろ当然の帰結と考えられる。一方の精神保健福祉領域においては、非受診者やその子どもへの支援は保健医療点数として評価されないなど、精神科医療機関が子ども虐待対策に取り組むための経済的基盤がなく、結果として支援機会は少なくなり、さらに子ども虐待に関する研修も受けていないとすれば、精神保健福祉士がこの課題に取り組む前提そのものが十分に成立していないと言わざるをえない。そのためか、子ども虐待に関する児童福祉領域と精神保健福祉領域との子ども虐待に関する認識にも差異がみられ、これも児童福祉領域との主体的な連携を阻害する要因と考えられる。

また、調査2では児童福祉施設職員の所持資格による認識の差異も確認された。児童の親の支援に関して、社会福祉士または精神保健福祉士の資格を持つソーシャルワーカーとそれ以外の者とでは介入すべきと考える対象の範囲が大きく異なり、とくに社会福祉主事しか持っていない職員に親支援は児童福祉施設の業務ではないと捉える傾向がみられた。研修機会などの充実によって変化する可能性はあるものの、専門職配置は親への支援機能発揮に積極的な意味を持ち得ることが示唆されたといえよう。

(3) 親にメンタルヘルス問題があると家庭復帰は困難と認識されている

調査5では、親にメンタルヘルス問題があることが家庭復帰支援や家族再統合支援に及ぼす影響について調べた。その結果は**表4**（巻末付表）に示す通り、親にメンタルヘルス問題がある方が家庭復帰の見込みは有意に低く、「相当に困難」は逆に有意に高くなっていた。また実際の支援水準について、親のメンタルヘルス問題の有無による有意差はみられなかったものの、親にメンタルヘルス問題がみられる入所児童の76・8％は積極的な支援対象とは捉えられていなかった。虐待を伴う児童については、とくに家庭復帰支援の対象にされにくい傾向がみられた。一方、入所総月数の比較では親のメンタルヘルス問題の有無による有意な差はみられず、積極的な見通しや十分な支援を欠いたままにメンタルヘルス問題のある親の下に家庭復帰する可能性もあることが示唆された。

5 メンタルヘルス問題のある親による子ども養育世帯への虐待予防と支援の課題

ここまで提示した調査結果の他、先行研究や他の調査結果の知見を総合すると、以下のように整理することができる。

（1）子ども虐待問題の背景には親のメンタルヘルス問題が高率にみられるが、貧困や孤立といった生活問題や子育て上の困難も関与している。

（2）当然、その支援においてもメンタルヘルス問題へのケア及び生活や子育て支援などの総合的な提供が求められるが、実際には子ども虐待への対応機関において、こうした世帯への支援体制は十分整備されていない。

①メンタルヘルスの専門職やソーシャルワークの専門職の配置は、児童相談所、児童福祉施設、要対協のいずれにおいても不十分である。

②児童福祉と精神保健医療福祉の連携不全が指摘されており、双方の専門職も接点の少なさや連携の困難さを認識している。

③子ども虐待及びメンタルヘルス問題について、児童福祉領域と精神保健医療福祉領域の相談援助職者は自分の領域以外の研修、支援経験、スーパービジョンなどの機会が乏しく、認識の差異も大きい。

④結果的に、十分な支援体制や連携がないままにメンタルヘルス問題のある親への対応を直接担う児童福祉領域の相談援助職には、強い困難感やストレスがみられる。

⑤医療機関に所属する精神保健福祉士への期待は大きいが、その子ども虐待支援経験は乏しく、要対協への認識や接点もきわめて不十分な状況にある。
（3）子ども虐待が発生している世帯が抱える生活実態に即して、メンタルヘルス問題対応機能やソーシャルワーク機能が果たせるよう、専門職配置、連携体制の構築、研修やスーパービジョン体制構築などによる支援基盤づくりを促進する必要がある。
（4）ストレスを伴い、多機関・多職種が連携して対応する必要があることから、一貫性のあるケースマネジメント、組織内及び組織間をつなぐチームマネジメントのシステムを構築する必要もある。
（5）そのために、まずは既存の資源としての要対協の活性化を図り、機能発揮を促進する必要がある。
次の項目がその実行に向けて取り組まれるべきものである。
①専門機関や専門職の参画を促進するために、要対協設置基準や発揮すべき機能の明確化を図る。とりわけ、精神保健医療福祉の専門職、ソーシャルワーク専門職の参画を規定する。
②自治体規模や人員上の問題などによる効率的運営に限界がある場合は、広域化や民間委託も含め多様かつ実効的な運営形態を模索する。
③職員研修プログラムの拡充を図り、とりわけメンタルヘルス問題に関する内容を位置づける。
④一方で、医療主導に陥らず多職種協働ができるよう、ケースマネジメント及びチームマネジメントの実践的なスキル体系を構築した上で、それに則った要対協運営のあり方を検討する。
これらは、すぐに解決できる課題でもなく、新たなシステムの構築や普及にはさらなる時間を要するとも考えられる。そこで本書においては、地域の実情に合致した対策を工夫する上で何らかの参考にしていただければと考え、第Ⅰ部でメンタルヘルス問題のある親による子ども養育世帯への支援を含めた先駆的な取り

組み例を紹介したい。本研究の展開過程で出会った多様でユニークな活動例の中で、ご寄稿やご協力をいただいた方たちの取り組みには、その視点や方法から学ぶことが多いと思われる。続く第Ⅱ部では、カナダの取り組み例や要対協の活動に焦点化した論考を提示し、あわせて各地域の活動展開に資する情報を提供したい。

文献

・井上信次、松宮透高「メンタルヘルス問題のある親による児童虐待へのファミリーソーシャルワーカーの認識――資格・経験年数がその問題認識や支援姿勢に及ぼす影響に焦点を当てて」『川崎医療福祉学会誌』20巻1号、2010年、107-116頁

・厚生労働省「児童養護施設入所児童等調査の結果（平成25年2月1日現在）」2015年

・厚生労働省「平成29年度の児童相談所での児童虐待相談対応件数」2018年a

・厚生労働省 社会保障審議会児童部会（児童虐待等要保護事例の検証に関する専門委員会）「子ども虐待による死亡事例等の検証結果等について（第14次報告）」2018年b

・松宮透高「被虐待児童事例にみる親のメンタルヘルス問題とその支援課題――児童養護施設入所児童の調査を通して」『川崎医療福祉学会誌』18（1）、2008年、97-108頁

・松宮透高「精神保健福祉課題としての子ども虐待－メンタルヘルス問題のある親への支援拡充に向けて」『社会福祉研究』117号、2013年、2-8頁

・松宮透高「精神疾患のある親による子育て世帯支援における社会福祉の役割」『社会福祉研究』125号、2016年、84-90頁

・松宮透高、井上信次「児童虐待と親のメンタルヘルス問題-児童福祉施設への量的調査にみるその実態と支援課題」『厚生の指標』57（10）、2010年、6-12頁

・松宮透高、井上信次「児童福祉施設入所児童への家庭復帰支援と親のメンタルヘルス問題」『厚生の指標』61（15）、2014年、

22-27頁
・松宮透高、田中聡子「要保護児童対策地域協議会の支援体制とその課題（2）メンタルヘルス問題のある親への支援を焦点に」（口頭発表）日本子ども虐待防止学会、２０１７年12月3日（幕張メッセ）
・松宮透高、八重樫牧子「メンタルヘルス問題のある親による虐待事例に対する相談援助職の認識——児童福祉と精神保健福祉における差異を焦点として」『社会福祉学』53（4）、２０１３年、１２３-１３６頁
・松本伊智朗「平成21年度総括研究報告　子ども虐待問題と被虐待児童の自立過程における複合的困難の構造と社会的支援」『子ども虐待問題と被虐待児童の自立過程における複合的困難の構造と社会的支援のあり方に関する実証的研究』（研究代表者　松本伊智朗）２０１０年、22-56頁

第Ⅰ部　児童福祉と精神保健医療福祉の先駆的連携活動例

第1章
精神疾患の親と暮らす子どもへの支援

土田幸子（鈴鹿医療科学大学）

第1節　精神障害の親と暮らす子どもの生活状況

1　知りたくても聞けない、語ってはいけない障害のこと

精神に障害のある親は、「やる気が起きない、思考がまとまらない、集中できない」などの症状によって、家事や就労、子どもに関心を示して子どもの要求に応えることができなくなることが多い。発達的に未成熟な子どもは、食事・排泄・身支度といった世話をはじめ、子どもの行動を見守り、「大丈夫、それでいいんだよ」と承認したり、危険な行動を止めたりといった身近な大人の関わりが必要となるが、右記の理由によってそれが十分にできないのであるから、子どもの生活や成長、発達に影響を与えることは否めない。

こうした状況にある子どもは、親の障害についての説明を受けていないことが多い。それは周囲の大人の「子どもにはわからないだろう」「なにも知らない子どもに心配をかけたくない」「子どもを傷つけたくない」という配慮の部分が大きいと思われるが、子どもは親の状況に気づいていないわけではない。もちろん、出生時に既に親が精神疾患を発症していたり、家庭外との交流が少ない乳幼児期の発症だと、子どもは自身の育つ家庭環境を「朝ご飯がないのが当たり前」と捉えるが、学校に通学するようになり、他の家庭の状況が

わかってくると、「どうしてうちは友達を家に呼んだりできないの？」「他の家となにか違う」と疑問に感じるようになる。小学生の年代など、子どもがある程度大きくなってからの発症の場合、それまで自分に関心を注ぎ、要求に応えてくれていた親が、急にそれができなくなるのだから、子どもはなにが起こったのかわからず、混乱する。このように、親の精神疾患発症時の子どもの年齢によって捉え方は異なるが、他の家やこれまでの親の様子との違いから、親の異変に気づいていることが多い。

通常、わからないことや困ったことがあれば、私たちは教えてと人に聞くが、これらの子どもたちが、障害のある親のことを話題にしたり、「なにが起こっているの？」「どうして？」と人に聞いたりすることはあまりない。それは、子どもが親役割を果たせない親を恥ずかしいと感じて話題にしないこともあるが、周囲の大人の障害のことに触れようとしない態度やその雰囲気から、「聞いてはいけないことなんだ」「隠さなければいけないことなんだ」と感じ取り、子どもも語らない・隠すという行動を取るようになる。

2　顔色を窺い、相手の期待に添う行動を取る子どもたち

「なぜ？」「どうして？」と聞くことができない子どもたちは、「要求に応じてもらえないのは、私が悪い子だから？」「私のことが嫌いなのかも」と自分に関連づけて捉えやすい。子どもはだれでも、親から承認されることを望む。そのため、これらの子どもは、親に好かれよう、認めてもらおうとして、親の顔色を窺い、親の期待する行動を取ることが多い。これは、被虐待児が親にたいして取る行動と類似するところであるが、生じる要因が精神症状と異なっても、〈子どもに関心を向け、子どもの要求に適切に応えることができない〉という結果の部分が同じであるため、同様の行動に繋がっていると思われる。

子どもの中には、食事や身だしなみといった生活面に関心が向けられなくなったり、衝動的な行為を取る

親のことを心配し、「ちゃんとご飯食べたかな？」「ふらっとまたどこかに行ってしまうんじゃないか？」と落ち着いて過ごせなくなる者もいる。これらの子どもは、学校が終わるとすぐに家に帰ったり、親ができなくなった家事や幼いきょうだいの世話を担ったりしているため、友達と遊んだりする家庭外での社会経験が乏しくなる。こうした社会経験の機会が少ない上に、親から「それでいいんだよ」と承認されることが少なかった子どもたちは、「このやり方で合っているのか？」「へんに思われていないか」と不安に感じ、自分の行動に自信を持つことができない。そのため、人の顔色や反応を窺い、「どうしてそんなことするの？」「あなたのお家はどんな風にしているの」と人に聞かれないよう、他者の行動に合わせ、相手が好む行動を取ったり、目立たないようにひっそりと存在感を消して暮らしたりしている子どもも多い。少数ではあるが、存在を消す子どもとは逆のパターンで、家の内と外を使い分け、学校では〈できる自分〉を演じ、家の様子を感じさせないようにしていたという子どももいる。

どちらのタイプの子どもも、本来の自分の感情を抑えて生活しつづけるので、次第に「自分が何をしたいのか、どうありたいのか」がわからなくなり、自分をなくしていく。子どもの取る〈人の顔色を窺い、相手の意向に合わせる〉〈内と外を使い分ける〉という行動は、親への気遣いや人に受け入れられ、社会で適応していくために、子どもが自然に身につけた方法であるが、それによって、〈本当の自分がわからない〉というアイデンティティの混乱を招いているのである。子ども自身がこのことに気づき苦しむのは、自分のことを客観的に捉えられるようになる大人になってからのことが多いが、人の反応を敏感に捉え、相手に合わせた行動を取る対人関係のパターンは、幼い頃から行ってきた慣れ親しんだものであるために容易に変えることは困難である。

3　援助希求が出せない子どもたち

また、これらの子どもたちは人に助けを求めることも苦手である。それは家の状況を人に話してはいけないと思って生活してきたため、困っていることを伝えられずに抱え込んでしまう部分もあると思われるが、幼少期から精神障害のある親との生活がつづく中で、自身の家庭状況を〈支援が必要な状態〉と認識していない部分もあると思われる。それ以外にも、人に甘え、受け止められたという抱えられる経験が少なかったり、障害のある親に頼られてきた経験から〈頼る＝迷惑をかける行動〉と捉え、人に頼ることを躊躇し、支援が求められないという部分があるように思われる。

いずれにしても、人に頼ったり相談したりできない中で、家の状況を人に悟られないようにと暮らしてきた子どもたちは、成人後も、人の顔色を窺い相手に合わせたり、人に頼れなかったりという生きづらさを抱えて生活していくことが多い。

第2節　生きづらさを抱えた子どもへの支援

1　私だけじゃなかったんだ――『子どもの集い・交流会』の開催

（1）『子どもの集い・交流会』開催の経緯

人に語ってはいけないと感じている子どもたちは、生活の中で感じる様々な感情を人に話すことなく抱え込んでいることが多い。ほとんどの子どもが語ってこなかったので、同じような境遇で育つ子どもの存在も知らず、他の子どもがどんな育ち方をしているのか、どんな感情を抱いているのかも知ることができない。そのため、「こうした状況にあるのは自分だけ」と思っている子どもも多い。そんな中、「他の人の話を聞いてみたい」「同じ境遇の人と会ってみたい」という子どもの要望を受けて始まったのが、『子どもの集い・交流会』である。

この『子どもの集い・交流会』は、2011（平成23）年の9月から月一回のペースで開催し、これまでに延べ人数535名の子どもが参加している（2018年9月現在）。子どもの頃は語ろうと思わなかったとのことから集まって来られるのは主に成人した方であるが、こうした立場の子どもを対象とした語りの場が各地にないこともあって、参加者は三重県内にとどまらず、近畿・東海・関東エリアから、旅行も兼ね九州・四国エリアからと、大勢の方に参加していただいている。この集いをはじめるに当たって、参加者である子どもメンバーと交わした印象的なやり取りがあるので、それを紹介したい。

この集いをはじめる約一年前から行なっていたクローズド・グループの語りの場における参加者の〈他者との違いを受け入れ、自分の力に気づく〉変化をみて、スタッフ主導の保護された場（限定メンバー）ではなく誰でも気軽に参加できる場にしたいと考えた。そこで精神障害のある親をもつ子どもに、「精神障害のある親をもつ子どもであればだれでも参加できる語りの場を設けたいけれど、皆さんの意向はどんな感じですか?」とニーズを聞かせてもらったところに端を発する。その際に出された意見は、「あれば利用したい。でも、2ヶ月に一度だと逃せない、毎回参加しなければと負担に感じてしまう。行きたいときに参加できる月一回程度の開催、サロン的なものが良い」という意見だった。それから準備を整え、月一回のペースで開始した『子どもの集い・交流会』であるが、第1回目の集いで新たに「やってもらえるのは嬉しいけど、勝手にはじめて勝手にやめるのは、やめて欲しい」という意見が出され、やるからには生半可な気持ちで関わってはいけない、しっかり子どもの思いに向きあおうと、子ども支援に携わる〝覚悟を持つ〟ようになった。

（2）語りの場の効果とデメリット

実際の集いの場では、障害を持つ親との生活での困りごとという現在の状況が語られる他、子どもの頃の体験やその時に感じた想い、子育てをするようになって感じる困りごと、友達や職場での人づきあいなど様々なことが語られる。語りの場であり、参加者が『精神障害の親を持つ子ども』に限定されていることから、「今までこれを話すとどう思われるか、と話せなかったり、相手に話を合わせてきたけれど、ここなら思ったまま話しても受け止めてもらえる」「状況を説明しなくても、うんうんとわかってもらえる」と安心して話せる場になっている。ここで仲間と出会い、やり取りする体験は、「同じような経験をした仲間がいる、私だけじゃなかったんだ」と孤独だった子どもの心を癒やし、仲間がいるという心強さに繋がったようである。それは、ちっぽけだと思っていた自分の体験が、受け止められたり、「あなたの感覚、おかしくないよ」と同じ境遇で育った仲間から言われることで、否定的に捉えていた人生を肯定的に捉えることにも繋がっていた。参加者に集いのどんなところが良いか聞いてみると、「他の立場の人に、〈～って考えればいいんじゃない？〉とか、〈そんなことないよ〉と言われても、〈どうせ私は〉と障害を持つ親と関連づけて受け入れられなかったことも、集いのメンバーから言われると自然に受け入れることができた」と話されるなど、〈同じ境遇で育った仲間・わかりあえる存在〉という意識が、構えのない自然な姿に繋がっていた。

もちろん、メリットばかりではない。集団でやり取りするため、他者と比較し、「私の家の状況が一番ひどい」と感じたり、他の人の話から意識してこなかった親や家の状況に気づき、傷ついてしまうこともある。また、仲間から受け止められる、わかりあえる嬉しさから話しすぎてしまう人もいる。この『子どもの集い・交流会』には、支援者がスタッフとして入っているが、家に帰って「あんなこと話さなければ良かった」と後悔したり、話しぶりに圧倒された参加者と距離が開き、集団から浮いたりしてしまわないように、集いの状況を見ながら、「その話はあとで、個別に聞かせて」と話を止めたり、参加者が帰って行くときの様子が他の参加者と明らかに異なるようなら、こちらから連絡を入れたり、傷つき体験にならないようにフォローしている。

（3）安心して参加できるために、大事にしていること

参加者が安心して参加できるように、運営に当たって配慮していることが幾つかある。

そのひとつがルール作りである。このルールも参加される子どもメンバーに、なにが必要かを聞いて、少しずつ形になっていったものである。通常の語りの場と同じように、「この場で話したことは外に持ち出さない」という秘密の保持や、「名前や住んでいる所を明らかにしなくても良い」という匿名性の保証、「途中入室・退室OK」という自由参加の他に、「相手が良ければ質問もOK」というルールがある。通常、こうした自助グループは、発言した人にたいしてなにもコメントしない〈言いっぱなし、聞きっぱなし〉という手法が取られることが多いが、家の状況を人に知られてはいけないと感じて暮らしてきたこれらの子どもは、聞きたくても聞けなかったのである。そうした参加者の「他の人がどんな風に考えているのか聞いてみたい」という要望を受け、スタッフも含めて、感じたことを自由にやり取りできるようにしている。

もうひとつ特徴的なルールがある。人の顔色をうかがい、人に合わせて行動してきた子どもは、自分の意見を言うことができない。そのような状況で、物品販売や宗教の勧誘などで断ることができず、友達とつきあいにくくなった、嫌な思いをしてきたという人も多く、集いがそうした場にならないように、「物品販売・勧誘はやめようというルールを加えて欲しい、そうすればルールで禁止されているからと断りやすいから」との要望で、そうしたルールを加えている。これらのルールは、集いの参加者にルールの説明をするときに、「うんうん」と頷かれる人が多いことからも、子どもの思いにかなっているようである。

安心して参加できるように大事にしていることの二つ目は、参加条件を子どもの立場に限定していることである。それは、「家族会で発言すると当事者（障害を持つ親）を育ててきた親（子どもから見た祖父母）を責めてしまいそうで本音を語れなかった」という声から参加者が安心して本音を語れるようにするためである。ときどき、私たちスタッフと同じように、「子どもの思いに触れてみたい、そこから支援を考えたい」という支援者や研究者、マスメディアの方から集いに参加してみたいとの要望が寄せられるが、「これまで興味本位で私たちに接近してきた人は多かったけど、継続してフォローしてくれる人は少なかった」という参加者の経験から集いがそうした傷つきにならないように、子どもの立場以外の参加希望者にたいしては、参加する目的を確認した上で子どもメンバーに伝え、子どもメンバーに参加の可否を判断してもらう方法を取っている。

また、はじめて参加する方が既に顔見知りになっている集団の中に入っていくのは緊張を伴うだろうと考え、初回参加に限り、事前に連絡をいただき、開始の30分前にお越しいただく方法を取った。スタッフから集いの大まかな流れや雰囲気、ルールを伝え、その方の質問に答えたり、困りごとを聞かせていただいたりしている。一回の集いの流れは、開始の挨拶後にチェックインの意味も兼ねて、参加者が一言ずつ自己紹介や近況報告を行い、その後、語りたい人が語るという方法を取っているが、メンバー間で気を遣いあい、慣れたメンバーであっても、次の話題の口火をなかなか切ることができない。その場合、スタッフから「さっき○○の話があったけど、どんな風に対応したの？」と近況報告の中から皆で共有できそうな話題や、この場で整理しておいた方が良さそうな話題を取りあげ、話しはじめるきっかけをつくっている。参加者が打ち解けるまで、話題を振ったりスタッフが主導したりする部分もあるが、メンバー間で活発にやり取りされるようになればスタッフも、求めに応じて専門家として医療や福祉の情報を提供することはあるが、それ以外の場面では、一参加者としてやり取りに加わるなど〈対等性〉を大事にしている。

第3節　『親&子どものサポートを考える会』について

本節では、先に記した『子どもの集い・交流会』などを運営している『親&子どものサポートを考える会』について説明したい。

この『親&子どものサポートを考える会』は、精神に障害を持つ親とその子どもが安定した地域生活を送ることができるよう、その支援・サポートを図ること、社会にたいして精神障害者への理解を深める啓発活動を行うことを目的として、筆者が中心となって２００９（平成21）年9月に設立した。

こうした目的を持つ会を設立しようと思ったきっかけは、筆者が教員として出会ったふたりの学生にある。ひとりは、遅刻しがちで忘れ物が多く、何となく生活が乱れているなと感じた学生で、もうひとりは、場面や日によって家の状況について話す内容が異なり、一日で状況が変わるはずがないのに、どうして嘘をつくのだろうと疑問に感じた学生だった。ともに親御さんが精神疾患を抱えており、丁寧に見ていくと、「家の状況を知られないように友達の前で辻褄を合わせる行動を取り、家の状況について話す内容を毎回違えていたので、周りの者に違和感を感じさせていた」や、「親が子どもの生活に気を配れず、また子どもも家に居るのが嫌でアルバイトばかりしていたため、結果的に生活が乱れていた」という状況が見えてきた。これらの学生に、親御さんが精神疾患を抱えることで困ったことはないのか、そのときどうしていたのか、と聞くと、「妄想で友達の家に怒鳴り込まれて、困った。でも、それを相談する人はだれも居なかった」と語った。

この出来事から、精神障害を持つ親と暮らす子どもは、生活状況や困難を語らないだけで、本当は困っているのではないか、それをひとりで抱え込んでいるのではないかと感じ、こうした状況にある子どもの声を聞き、支援を考えていこうと活動に取り組み始めた。

現在、運営に携わっているメンバーは、精神科医1名、看護師8名（そのうち6名が大学教員）、保健師1名、臨床心理士3名、精神保健福祉士1名、保育士2名の計16名である。皆、医療機関・教育機関に所属する専門職集団であるため、集いや研修会など行事を企画・開催する度に、それぞれが日々の対応の中で感じていることを持ち寄って検討しながら、行事を実施していく形を取っている。スタッフの所属先が異なることは、機関の制約を受けずに自由に動けたり、通常の業務（本務）で対応する対象が異なり、それぞれの持つ知識や経験も異なるため、個々の知識や経験を合わせることで幅広い視点から考察したり、不得手な部分をカバーしあえたりというメリットに繋がる。他方で、困りごとの解決のために医療機関に繋ぎたい事例があっても容易に繋ぐことができなかったり、活動が勤務等で保証されないため活動時間を捻出することが難しくなる。これはスタッフ個人の時間の抽出・活動に影響を及ぼすだけでなく、相談の電話やメールが入ってもすぐに応じられないことになる。その点については、ホームページ等で「即座に応じられないこともあるが、臨床や保健行政、教育、研究の場で感じた疑問をこの会の活動に活かしている」とメリットとデメリットを記載し、ご理解をいただくようにしている。

この会で大事にしていることは、支援の対象となる〈子どもや障害を持つ親、家族の声（ニーズ）をしっかりと聞く〉ことである。この会のスタッフは、医療や福祉、教育の場で、障害を持つ親やその子どもに関わってきた経験はあるが、実際に自分たちが障害を抱えたわけでも家族の立場でもない。当事者や家族の思いを推し量ることはできても、想像でしかない。そのため、わからないことをこちらが勝手に予測して支援を進めるのではなく、わからないことは、「みんなはどう思っているの？」「こんな風に考えたけど、これで合ってる?」と聞き、確認しながら進めていくスタンスを取っている。またその接近方法も、わからないこと・自分たちにできないことは素直に認め、〈わからないから教えて〉〈どうすれば良いか一緒に考えよう〉という姿勢で、人として対等であることが伝わるように関わるようにしている。

このようにして把握した子どもたちの声から必要とするものはなにかを考え、それを形にして取り組んできた。『子どもの集い・交流会』以外にも、『親&子どものサポートを考える会』で取り組んできたことがあるので、それについて紹介したい。

1　ホームページ(掲示板)の開設

私たちが話を聞かせていただいた子どもたちは、親の状況に困惑し、様々な思いを抱えていたが、社会一般にはその存在は見えてこない。というのも、この会の活動をはじめた2009(平成21)年当初、精神障害の親と暮らす子どもが自らの生活や思いを語ることはなく、話を聞かせていただいた方も一様に「私だけと思っていました」と話されるなど、同じような子どもが多数いることは知られていなかった。子どもが声を挙げることが難しい当時の状況を考えると、①支援しようと取り組みはじめた動きがあることを知ってもらい、②だれの意見か特定されない形で気持ちを吐露し、仲間の存在を知ることができる場があれば良いのでは、と考え、2011年1月にホームページを開設した。

掲示板も初めの3ヶ月はなにも投稿されない状態が続いたが、ひとりの方が勇気を出して書きはじめるとそれに応えるように返信が投稿されるなど、顔は見えないけれど、同じような思いを抱えている相手と活発にやり取りが交わされるようになった。語りの場など、子どもが発信できる場が増えるにつれて、掲示板の利用も減ってきているが、だれに相談すれば良いかがわからず、孤独に過ごす子どもが容易に繋がることができる場として、現在も残している。

2 全国版 子どもの集い・交流会の開催

『子どもの集い・交流会』ではどんなやり取りがなされているのか、また「同じような思いを抱えている人がいる」ことを知ってもらったり、参加を躊躇されている方が参加しやすいように、掲示板を利用して、集いの様子を一般化して伝えたりもしている。すると、「私も同じ体験をした仲間と出会い、やり取りしてみたい。でも、三重は遠い」という声が聞かれた。各県に語りの場がない現状もあり、交通の便の良い都市で2013年から毎年一回、『全国版 子どもの集い・交流会』を開催することにした。

この全国版の集いで出会う方は、私たちスタッフにとっても初対面であったりするため、その方のニーズを把握できない。また、細かなフォローをすることもできない。そのため、参加者が自分のニーズや状況によって参加形態が選べるように、午前・午後で、講演などの全体会（午前）、それぞれが小グループに分かれて語り合う場（午後）の異なるふたつの内容を準備している。全体会の内容は、終了後のアンケートに記載された意見を吸い上げる形で調整し実施することが多いが、第5回（2017年）は各地で広がってきた子ども支援の取り組みについて支援されている方々から紹介していただくなど、参加者が知り合い、情報共有できる場としても活用している。

3 支援者研修

これまで述べてきた取り組みは、語りの場の提供など、精神障害の親と暮らす子どもへの直接的な支援であったが、障害によって親御さんが十分に子育てができないところをフォローし、子どもが健全に発達できるようにと考え実施しているのが、「支援者研修」と「親支援・子ども支援に関する学習会（情報交換会）」である。

精神障害を持つ親も、その子どもも、生活している場は地域である。しかし、障害を持つ親も子どもも、困難を感じていても自ら支援を求めることは少ない。私たちがホームページを掲げて取り組みを紹介していても、幼い子どもが集いの場にアクセスしてくることは、移動距離などを考えても現実的には難しい。また、児童・思春期年代の子どもたちは、「自らの状況に気づいて欲しいけれど、不用意に触れて欲しくない」という相反する感情を持っている。こうした状況から、地域で暮らす親子の状況を察知して、その状況に応じたサポートを行うことができるのは、親子の身近に存在する保育園や学校の先生、民生委員や児童委員と考え、地域の支援者を対象とした取り組みをはじめた。

親子の状況を理解してもらう取り組みは、当初、講演会やシンポジウムの形式で実施していたが、教育機関からの参加が少なく、実践で活用できるものでないと参加を望めないのではないかと考え、２０１３年より現在の一日を通しての講義とグループワークの形式に変更した。研修は、研究者の立場から「成人した子どもへのインタビューからみえてきた生活状況と思いについて」、医師の立場から「精神症状が生活や育児にどのように影響するか」、社会福祉士の立場から「社会資源や他機関・多職種連携について」、臨床心理士・スクールカウンセラーの立場から「学校での対応例について」を講義し、幅広い視点から親子を理解できるようにしている。

グループワークは、地域の他機関・多職種の方と知り合う機会となるよう、意図的にグループを編成している。どの機関・どの職種でも、それぞれ得意とするところと通常の業務では対応しにくい限界があると思われるが、自ら支援を求めることが苦手な精神障害の親とその子どもを支援していくためには、自分たちの苦手とするところを自覚し、その部分はそれを得意とする他機関・多職種につなぎ、カバーしてもらうことが必要になる。グループワークを通して、それぞれの機関・職種がなにを得意としているのかを知り、相談したりできるよう、そのきっかけづくりになればという狙いもある。そういう意味では、講義を担当している4人は、全員、『親&子どものサポートを考える会』のスタッフであるが、この会の構成メンバーこそが多職種・他機関から成り立ち、得意・不得意をカバーしあっている。私たちスタッフがやり取りする様子からも、他職種が入るチーム作りのメリットを感じ取ってもらえればと思っている。

4 精神に障害のある親とその子どもの支援に関する学習会（情報交換会）

自機関で取り組めることの限界というところでは、本拠地を三重県に置いている『親&子どものサポートを考える会』に、関東や山陰、九州地域から「同様の取り組みをしている機関を知りませんか？」と連絡をいただいても情報を持ちえなかったり、子どもへの支援を中心に活動しているグループであるため、障害を持つ親御さんへの支援に関する情報を求められても、答えられないことも多い。そのため、そうした相談にも、「関東地域の情報なら、○○に聞いていただくと良いかもしれません」と一定の返答ができるように、親支援・子ども支援を実施している機関が集まり、どんな取り組みをしているのか情報交換する学習会を2014（平成26）年から実施している。

初年度は、単純に参加者がそれぞれの取り組みを紹介する情報交換会がメインであったが、毎年継続して開催するのであれば、こうした親子への支援を参加者でディスカッションできるスタイルが良いという意見を受けて、名称を『精神に障害のある親とその子どもの支援に関する学習会』に変更し、毎年5月に開催している。それと同時に、参加者も、実際に支援を行なっている方から、親・子への支援に関心を持ち、一緒に支援を考えたいと希望される方に広げ、子どもや家族の立場の方も参加できるように変化させてきた。

取りあげてきた学習会のテーマは、「語りの場の持つ力と限界について」「訪問看護ステーションにおける精神障害のある親の子育て支援」「家族全体の安心に繋がる情報と伝え方」「ＰＣＧ（Parent Child Group）の取り組み」と異なる視点での実践を取りあげ、支援者も家族も一緒に、対等な立場でなにができるのかを検討する場になっている。また、この学習会は、当初行っていた情報交換・ネットワークづくりも兼ねているため、前半はテーマに関する話題提供とディスカッションに当てているが、参加者がリラックスして交流できるように長めのコーヒータイムを交えた休憩を挟み、後半は各機関の活動報告を行い、機関相互のネットワークを広げる一端を担っている。

第４節　今後の課題

『親＆子どものサポートを考える会』の活動を通して、精神障害の親と暮らす子どもの声（ニーズ）を丁寧に取りあげ、子どもの健全な育ちと親子の安定した生活を支えるためにはどのような支援が必要かを考え、それを一つ一つ形にしてきた。しかし、ここで取りあげた子どもの声の大部分は、成人した子どもの声である。幼い子どもは、自分が困難な状況にあることすら気づいていないのかもしれないし、子どもの持つ力（知識や情報量、経済的力を含む）から考えても、容易に支援者にアクセスすることが難しいのかもしれない。これらの親子が安定した暮らしを営むためには、障害を持つ親自身が支援機関に繋がり、子育ての困りごとを相談できることと、身近な大人が親子の状況を気に留め、必要時、支援に繋いでいく関わりが必要だと考える。私たちの実施している支援者研修に、医療機関のスタッフが参加されることは少ないが、障害を持つ親が「子育てのことを相談してもいいんだ」と思えるようになるためには、既に関係のできている医療機関のスタッフが支援機関への橋渡しができると良いのではないかと思う。そうした動きになるように、医療機関に親子の状況やニーズを伝えていくのも私たちの役目であると考える。

最後に、支援者研修でも伝えているポイントを、私自身への自戒も含めて記す。精神障害を持つ親も、その子どもも、必ずしも支援が必要なわけではない。〝支援が必要な親〟〝支援が必要な子ども〟という意識で関わると、関わられた当事者も自分のことを〝支援を必要とする無力な存在〟と認識し、その人が持つ力を奪ってしまうことに繋がる。過剰な関わりがマイナスに働くこともあるのである。関わりを持つこと自体を拒否される場合もあり、支援の必要性を見極めることは難しいことだが、大きな問題がなく生活できているときは少し距離を置いて温かく見守るなど、日ごろの観察による支援（介入）の必要性の見極めが重要であることをつけくわえたい。

文献

・岡田尊司『シック・マザー――心を病んだ母親とその子どもたち』筑摩書房、２０１１年

第2章
ACT（包括型地域生活支援）プログラムによる世帯支援実践

梁田英麿（精神保健福祉士）・金井浩一（精神保健福祉士）

日本の精神障害のある人に対する保健医療福祉政策は、できるだけ入院医療に頼らないようにして、地域で生活し続けることを中心に考えるようになってきている。このような地域移行・地域定着を目指す動きが後押ししていることも相俟って、今後、地域社会で子育てをする精神障害のある人が増えていく可能性は高い。

第1節　はじめに

精神疾患を患う親のいる子どもの割合に関して、オーストラリアでは23・3％、ドイツでは13～19％と推定されているが、日本では精神障害のある親の子どもの実態調査や研究が少ないため正確な数字は不明となっている(9)。

視点を変えて、日本での疾患別データを見てみよう。２０１４年の患者調査によると、最も多い疾患である高血圧症の１０１１万人に続いて、歯肉炎及び歯周病が３３２万人となっている。次に多い糖尿病が３１７万人、それに高脂血症が２０６万人と続く。これに対し、気分障害が１１１・６万人と精神疾患の中で一番多く、それに次ぐ統合失調症が77・３万人となっている。この気分障害と統合失調症を合わせると全疾患中5番目の多さとなり、精神疾患を有するすべての患者数が３９２・４万人であることを考えてみても、日本でも精神疾患のある人の子どもの数は少なくないことが想像できるだろう[5]。

また、日本の統合失調症に関する研究の中に、一度でも結婚した人が、とくに女性の場合はおよそ50％で、離婚率は20～80％という報告がある[2][4][6][15]。また、婚姻歴のある80％以上の人に1～2人の実子がいることも報告されている[3][6]。

精神障害のある親がいる子どもの経験としては、①親の精神障害について説明を受けていない子どもの割合は60％以上で、説明を受けていないことによる不安を膨らませていること、②混乱した親の症状に巻き込まれ、それが大人になってトラウマとして残ることがあること、③親が家事や育児ができなくなると、特に幼少期の子どもの場合、料理や洗濯などのやり方がわからないため生活が困難になること、④親の症状により、子どもの発達に影響を及ぼすことがあること、⑤周囲の人からの理解のない言動に傷ついたり、不安な子どもに寄り添う人が少なく孤立しやすかったりすること、などがあるようだ[9]。

このような背景からしてみても、精神障害のある人自身へのケアだけでなく、子どもも含めた世帯全体をマネジメントするという視点や世帯全体を包括的に支えていく仕組みというものが必要となる。こうした地域での状況を踏まえ、求められる精神科ケアのひとつとして、アウトリーチ・サービスの有効性に異論を唱える者はいないだろう。最近では、その中でも最も集中的かつ包括的なアウトリーチ・サービスとして諸外国で定評のあるＡＣＴ（アクト：Assertive Community Treatment：包括型地域生活支援プログラム）が、日本の精神科臨床の現場でも話題にされるようになっている[8]。

本章では、ＡＣＴの実践を通じて、架空の事例をもとに、精神障害のある人とその家族や関係者らへの関わりについての考察を行なう。

第2節　ＡＣＴの概要

1　事例紹介

早速、事例を紹介しよう。ここで紹介するヨウコさんは、Ｚ市生まれのひとりっ子である。父親の仕事の都合で、子どもの頃から引っ越しをくり返していた。大学を卒業し、大手企業へ事務職として就職。Ｘ－６年に結婚し、娘をもうけている。夫は公務員で、もともと結婚する前から「手をあげる人」ということは知っていたが、結婚後にそれが顕著となり、Ｘ－３年に離婚。元夫には居場所・連絡先を教えることなく、娘とともに仕事を求めてＱ市へ転居。

Ｘ－２年頃、勤め先の先輩からの虐めがあったようで、心配する両親が何度もヨウコさんの元を訪れている。その際、ヨウコさんの「近所の人たちが大声で私の悪口を言っている」などの言動を心配した両親が医療機関の受診を勧め、ヨウコさんは精神科を受診。服薬を開始し、転職して環境が好転したことも影響してか、この時にはすぐに落ち着きを取り戻すことができたらしい。

しかし、最近になって、ヨウコさんから両親への「アパートの前の道から声がする」などのメールが頻回となり、「見られている」「追われている」という訴えも目立つようになる。昨日、保育園に子どもを迎えに行った際には、ヨウコさんが保育園の職員に「家までどうやって帰ればいいのでしょうか」「誰かに恨まれているのでしょうか」と尋ねたことや、「子どもを誰かに盗られてしまう」という相談のためにヨウコさん自身が１１０番通報をすることもあったようだ。

対応に困った保育園の職員が行政に連絡。行政の職員も対応するが、ヨウコさんは「なんでこんなことになってしまったの?」「誰に恨まれた結果なの?」と言って、娘の手を何時間も離そうとしなかった模様。行政の判断で、警察署に一晩泊めてもらうことになったが、ヨウコさんは「ピストルで狙われている」と言い続け、周囲の物音が過度に気になって仕方がないという様子で、一睡もできなかったらしい。行政と警察に促され、精神科病院を受診したことをきっかけに、ACTが関わることになった。

2 ACTとは?

ここでいうACT(アクト)とは、通院や通所などが難しく、既存の精神保健・医療・福祉サービスでは地域生活を支えることが困難な重い精神障害のある人を対象に、多職種の専門家チームが包括的で継続的な訪問支援を行ない、入院に頼ることなく地域生活を支えていく援助方法である。援助方法の枠組みに関する特徴については、**表2-1**をご参照いただきたい[13]。

諸外国ではこうした枠組みがきちんと維持されているチームほどACTの効果が高いことが実証されており、開発された標準モデルへの適合度評価尺度(fidelity scale)によって、現在は日本でもACTとしての運営が適切かどうかを評価する取り組みが行なわれるようになっている[7]。

そもそものACTは、1960年代後半に米国ウィスコンシン州にあるメンドータ州立病院の精神科医療従事者たちが、重い精神障害のある人たちの多くは病状が安定して退院をしても、比較的すぐに再入院してきてしまうことに気づいたことから始まった。諸外国では1950~1960年代から精神科病院の脱施設化が進む一方で、重い精神障害のある人たちのホームレス化や「回転ドア現象」と呼ばれる高い再入院率が問題となっていたのである。

表 2-1　ACT の枠組みに関する特徴

- 従来の精神保健・医療・福祉サービスの下では地域生活を続けることが困難であった、重い精神障害のある人たちを対象としている。
- 看護師、精神保健福祉士、作業療法士、職業の専門家、当事者スタッフ、精神科医など、様々な職種の専門家から構成されるチームによってサービスが提供される。
- 集中的なサービスが提供できるように、10 人程度のスタッフからなるチームの場合、100 人程度に利用者数の上限を設定している（ケースロードが 1 対 10）。
- 担当スタッフがいないときでも質の高いサービスを提供できるように、チームスタッフの全員でひとりの利用者のケアを共有し、支援を行なっていく。
- 必要な保健・医療・福祉サービスのほとんどを、チームが責任を持って直接提供することで、サービスの統合性を図っている。
- 自宅や職場など、利用者が実際に暮らしている場所でより効果の上がる相談・支援が行なわれるように、積極的に訪問が行なわれる。
- 原則としてサービスの提供に期限を定めず継続的な関わりをしていく。
- 一日 24 時間・365 日体制で、危機介入にも対応する。

こうした問題にメンドータ州立病院のグループがとった対応は、精神障害のある人たちが暮らしている環境に病棟スタッフを移動させ、地域で彼らと協働できるような構造をつくり上げることであった。このグループのスタッフたちは白衣を脱ぎ捨て、ホームレスの人がいれば路上へ出向くなど、精神障害のある人の生活環境の中へ出かけて行ったのである。24時間体制で積極的な訪問活動を行なうなど、新たな精神科ケアの在り方を提唱し実践を重ねていくうちに、米国の多くの州で「重い精神障害のある人たちの地域生活支援には、包括的でより濃密なモデルが必要」との認識が共有されるようになり、地域の中でアサーティブ（Assertive：積極的）に機能するＡＣＴの普及が進んでいった[14]。

そして、この新しいモデルは、その後の数多くの調査研究から、入院期間の減少、居住安定性の改善、サービス満足度の向上などの援助効果が実証され、その有効性から脱施設化を推し進めてきた他の諸外国でも速やかに導入、実践されるようになったのである。

日本では、国際的な動向からかなり遅れてしまっての導入となったが、２００３年に厚生労働科学研究事業として臨床活動を始めたＡＣＴ－Ｊ（千葉県市川市）を皮切りに、

２００４年には往診専門の精神科診療所と精神科訪問看護ステーション、ＮＰＯ法人が三位一体となって活動する民間初のＡＣＴ－Ｋ（京都市）が誕生し、続いて岡山県精神保健福祉センターが県の事業としてＡＣＴ－おかやまを始動させた。他にも２００８年に全国で初めて教育機関附属病院として活動を始めたＳ－ＡＣＴ（仙台市）など、現在ではＡＣＴもしくはそれに類似した活動を実施している事業体は全国に36ヶ所あり、その事業者らは「ＡＣＴ全国ネットワーク」という組織を形成している。

とはいえ、日本では、ＡＣＴのようなアウトリーチ・サービスを行なうための報酬制度が十分に整備されているわけではない。制度化が追い付いていないため、各事業所は訪問看護ステーションや診療所、福祉事業所などの複数の制度を組み合わせる形でＡＣＴの運営を成り立たせているというのが現状だ[16]。

3　出会いの場面

ヨウコさんの話に戻ろう。ヨウコさんとＡＣＴとが出会ったとき、ヨウコさんの娘は児童相談所に一時保護となっていた。精神科を受診することになったヨウコさんの診察場面に触れる。精神科には繋がったものの、ヨウコさんの立場からしてみると「自分の知らない間に何が起こっているのかわからない」ことで不安となり、「娘にもう会えないんじゃないか」という心配も大きくなって、ヨウコさんは診察前よりも余計落ち着かない様子になってしまっていた。

実際のところ強制入院となってもおかしくない状態にあったが、「入院はしたくない」というヨウコさんの希望に寄り添い、入院以外の代替案としてＡＣＴについての説明を行なっている。その上で、「入院ではなく、早くまた娘さんと一緒に生活ができるようになるためにもＡＣＴというサービスを利用してみませんか」と促してみたところ、ヨウコさんは「娘のことを考えると、いまの私のままではいけないと思います」

を契約。

「だから早く治したいけど、でも、入院はしたくないです」ということを口にされ、ACTを利用すること

ちなみに、薬物療法については、ヨウコさんが以前に抗精神病薬を服用した経験から副作用を怖がっていたため、ヨウコさんと話し合い、今回はブロナンセリン一回4mgを一日2回食後に経口投与する方針で合意した。

最初の訪問では、朝食と夕食の後の服薬のタイミングでACTが訪問し、薬を飲ませるための支援ではなく、飲んだ薬の副作用が心配なヨウコさんに寄り添う支援を行なっている。実際には、服薬後1時間くらいの時間を共に過ごし、以前のように薬を飲んでも指先や唇などの筋肉がこわばらないことや気持ちが滅入るようなことがないことを一緒に確認している。

また、投薬が始まると、きちんと服用したかどうかが気になって仕方がないヨウコさんの母親にたいしても、統合失調症と考えていることを伝えた上で、回復する病気であることや再発の可能性、予防的継続治療の意義、家族の接し方などについての説明をしている。

服薬に関する支援の他、出会いの場面でACTが一番心がけたことは、ヨウコさんと情報や見通しをきちんと共有して透明性を保つことであって、結果的にヨウコさんを不安にさせないことであった。そのためにも、児童相談所とのタイムリーな情報共有に努めることもヨウコさんと約束している。

毎日訪問する中で、しばらくするとヨウコさんは「薬が強いようだ」と言って眠気やだるさを訴えるようになったため、本人の「早く娘と会いたい」「早く治したい」目標を再確認した上で、現時点での抗精神病薬の必要性を伝え、それ以外に服用していた抗アレルギー剤のほうを減薬する形で眠気やだるさのつらさに対応したこともあった。

最初の訪問から1週間後、表情面では落ち着いた様子で、ヨウコさんのほうから「日中眠気があっても夜

はなぜか寝られませんでしたが、夜もよく眠れるようになってきました」との報告がある。また、本人は「錯覚」と表現しているが、前の職場で先輩から虐められていた頃から、離婚した夫の声や姑だった人の声が聞こえていたことを教えてくれた。ヨウコさんは「上のほうから、前の夫のような声が聞こえるんですよ。ちゃんと話をしたほうが良いんですかねぇ……」と言うので、声はじきに気にならなくなると思うので相手にしないよう伝えている。

その2日後の訪問時、ヨウコさんのほうから「娘に会いたいのに会わせてもらえない」「娘は本当に無事なのか。いま確かめたい」との相談がある。実家から駆けつけていたヨウコさんの母親が「いまはあなたが娘に会える状態じゃないでしょ?」と発言したことに、ヨウコさんは「私、誰かを、自殺に追い込みましたか。殺しましたか」「精神病扱いは心外!」「お母さんが操作しているんじゃないか」と反応。頓服薬を勧める母親を睨み返しながら、ヨウコさんが「タバコを吸いたい」と言うので、一緒にタバコを吸うためにアパートの外へ出かけている。「一時間たっても気持ちが落ち着かなかったら、いまは薬の力を借りることも必要かもしれないですね」と伝えたが、その後にヨウコさんが薬の力に頼ることはなかった。

しかし、その日の夜、ヨウコさんから「内臓がおかしいのか、上半身を移動する痛み」についての電話相談が入る。翌日すぐに訪問をして対応したところ、「やっぱり身体がチクチクと痛い。母親が食事に毒を盛ったりしているのではないか。大丈夫ですかねぇ……」との訴えが続く。よく話を聞いてみると、身体のことよりも過干渉な母親への不満を募らせていることがわかったため、母親にも同席してもらい、感情表出が与える影響などについての情報提供を行なって、お互いに距離をおくことの必要性などを説明している。

4　ＡＣＴにおける家族支援

諸外国と比べて家族との同居率の高い日本では、家族（親や兄弟姉妹、子どもら）に関わる割合は非常に高いだろう。

また、アウトリーチの場面では、訪問した先に、意見の異なる者同士が同席していることも稀ではない。たとえば、親の対応に困っている子どもとそれにまったく気づいていない親であったり、子どもの入院を強く希望する親と入院は絶対にしたくない子どもであったりと、それぞれの言い分は置かれている状況や立場によっていろいろと異なる。

そのどちらかに加担することなく、フラットな姿勢で両者に関わることができる力量を兼ね備えたベテランの支援者であれば、その場で同時に両者の面談を進めていくことも可能だろう。しかし、まだ経験の浅い支援者の場合は、どちらかに加担するという意味ではなく、どちらかの立場にしっかりと寄り添うことに徹したほうが、専門家としてのブラッシュアップに繋がるように思う。

ＡＣＴでは、一般的に本人担当のスタッフと家族担当のスタッフとを分け、本人担当は本人に、家族担当は家族に、しっかりと寄り添うようにして対応する場合がある。訪問時、本人と本人担当のスタッフとが散歩に出かけ、その間家族と家族担当のスタッフとが自宅で面談を行なうなど、担当者を分けるだけでなく、時間や場所を分ける工夫をする形で本人と家族とのバランスを調整していく。たとえば、仕事で忙しい家族の方にたいしては、仕事が終わってからの時間帯や仕事が休みの日などに顔を合わせたり、職場の近くや家族自身が話しやすい場所を選んで面談を設けたりすることもある。

一般的に行政や医療機関などで実施されている家族心理教育（教室）に「参加できる」タイプの家族と、

それに「参加したくてもできない」タイプの家族の違いを例に、家族支援の話を進めよう。街にどんなに素晴らしい家族心理教育（教室）が用意されていたとしても、アウトリーチの場面で出会う家族は、自らの身を削りながら子どもを支えていたり、子どもから目を離せない心理的葛藤を抱えていたりする家族が多いため、「参加したくてもできない」タイプの家族であることが圧倒的に多い。そこには世帯単位の〝生きづらさ〟があり、かつ地域で孤立している世帯の〝生きづらさ〟は重く、自分たちのほうから支援を求めることがなかなか難しい状況が見え隠れする。

こうした「参加したくてもできない」タイプの家族にとっては、支援者の一方的な情報提供はあまり意味がなく、「参加したくてもできない」状況や心境を教えていただき、まずはその労をねぎらうことのほうが変化をもたらしやすい。また、「参加したくてもできない」タイプの家族にたいしては、支援者の知識よりも家族自身の疾病感や見立てを尊重し、家族のもつ文脈に沿って関わることが必要となる。そして、「参加したくてもできない」状況を考えると、来談型よりもアウトリーチという手法を用いた訪問型の家族支援のほうがより効果的なのだろう。

ヨウコさんの母親の立場からみれば、娘のことが心配で過干渉になってしまうことも現在の状況の中では当然のことであって、私たちも理解可能であることを明確に伝えた。その上で、長時間一緒に居ることは必ずしも良いことばかりではないし、場合によっては悪い刺激となってしまうこともあるため、ヨウコさんの治療のためにもある程度距離を置くことが必要であることなどを説明している。

いずれにしても、本人に対する支援と同じように、世帯全体に興味・関心をもつことが重要で、私たち支援者は本人からも家族からも「常に見られ、聞かれている」存在であることを意識する必要があると思う。

第3節　社会資源との連携

1　近所のスーパーや児童相談所との連携

もう一度、ヨウコさんの話に戻ろう。前述の夜間の電話相談から4日経った訪問時、ヨウコさんは「身体がチクチクする感じはなくなりました」「ここ2～3日は元夫の声もない」などと言った上で、表情も柔和に「気持ちのほうはだいぶ楽になりました」と言葉を続ける。加えて、普段よく利用しているスーパーの駐車場に置いたままにしてある自家用車のことが気がかりであることと、子どもといつになったら会えるのかが心配であることの相談があった。

前者については、相談から2日後にＡＣＴがヨウコさんと一緒にスーパーへ出向き、長い間車を置かせていただいていたことのお詫びとお礼を店主に告げた上で、自宅まで自家用車を移動している。

後者については、すぐに児童相談所の担当者と連絡を取ったものの、担当者と直接会って、子どもの情報を教えてもらえるのが10日後ということになった。ヨウコさんとしては、話の内容には理解を示しつつも、「裏で元夫が介入しているから児童相談所の人がすぐに来てくれないのではないか」などと言って、疑念を払拭できずにいる様子がその後も続いた。

しかし、実際に児童相談所の担当者と顔を合わせてみると、一時保護となっている娘が元気でいることを教えてもらい、ヨウコさんとしては素直に安心できた模様。ＡＣＴから児童相談所側にたいして、十分に育児が可能である状態まで回復していることを説明し、トラブルを起こした保育園にたいしてもＡＣＴが介入できることを伝えている。

ヨウコさんと児童相談所、ＡＣＴとで話しあい、ヨウコさんが娘を引き取る最短のスケジュールを確認。2日後に今度は行政も含めたケア会議を行ない、3日後に児童相談所が単独で家庭訪問。それで問題がなければ、その次の日にＡＣＴと一緒にヨウコさんが娘を児童相談所に引き取りに行くこととなる。

右記のケア会議では、ヨウコさんの「早くまた娘と一緒に暮らしたい」希望が語られる。ただ、児童手当と児童扶養手当だけでは経済的生活が厳しいことが懸念されるようで、そうした課題についても今後はＡＣＴと一緒に取り組んでいく方針で合意した。

こうしてヨウコさんは、3週間と少しの期間で娘と一緒の生活を取り戻すことになったのである。

2　初動の場面で気をつけたこと

「統合失調症の治療に何が必要か」との問いに、中井久夫は次のように答えている。[11] ①失調が開始してから間を置かずに治療を始めること。②生理、心理、社会の3レベルにわたってという一般論は措くとして、まず、初発時に丁寧すぎるくらいの治療をすること。もう少しいえば、その人にとって最もあとぐされのない（uncomplicated な）コースは何かと考えること。③自然治癒力への信頼と自己尊厳の回復（建設）というサリヴァンの考え方は今も傾聴すべきものがある。④最小限ひとつだけといわれるなら、「健康な睡眠とそれを可能にする前提条件の整備」が挙げられる。

中井の指摘はアウトリーチの場面でも十分に通用する説得力があり、ヨウコさんの場合でも、①些細なことでも気になることは放っておかず、早め早めに対応することを心掛け、②できるだけ丁寧に、③本人の力や長所、魅力などを大切にしながら、④家族支援や児童相談所などとの連携も含め、本人が安心できる環境が整えられるように支援を行なってきたつもりでいる。

他にも、初動の場面で、私たちが気をつけたことを付け加えよう。たとえば、統合失調症のある人たちとの関わりの中では、なかなか事が始まらないし、なかなか事が終わらないという場面に遭遇することがある。しかし、その始まりも終わりも、実は私（私たち）の都合で勝手に決めたものであって、相手にとってはほとんど意味のないものなのだろう。特に初動の場面では、三品がいうように、まずは支援者の都合に利用者を合わせようとするのではなく、価値観やペースの違いを尊重し、利用者の都合に質的にも量的にも支援者が合わせていく「時間を合わせるスキル」が必要と思われる。(14)

加えて、三品が言及している、利用者とコミュニケーションを交わす中で、利用者の生活を具体的・全体的に理解し、利用者が置かれている状況やそれに伴う感情（たとえば、悲しみ、喜び、寂しさ、感動など）に気持ちを添わせ、自らも全く同じように感じ、深く理解し、時には一緒に体験する中で分かちあおうとするスキル(14)についても触れてみたい。この「五感を使って全身で相手のことを感じとろうとするスキル」もまた、初動の場面では特に重要となるだろう。

3 企業や保育園との連携

振り返ってみると、ヨウコさんと一緒に児童相談所に娘さんを迎えに行った場面が、最も感慨深いように思われる。待合室でのヨウコさんは緊張しながらも、「長かったけど、自分にとって必要な時間だったと思います」と一言。しばらくして隣の部屋から娘の声が聞こえた途端、「ミホの声だ！」と言ってヨウコさんはすぐに立ち上がった。娘が登場しても、「ミホ」と呼びかけるだけでヨウコさんが乱れる様子はない。そして、先におばあちゃんに駆け寄るミホちゃんに、「お母さんより先におばあちゃんかい!?」と笑顔で突っ込みを入れた後、娘の頭を撫でながら「もう大丈夫だからね。お母さん、もう元気になったからね」とミホちゃんに声をかけていた。

その後のACTの関わりとしては、ヨウコさんと一緒に区役所へ出向き、「母子・父子家庭医療費助成」などの手続きを行ったり、経済的収入を得るために一緒にハローワークへ出かけ、職探しを行ったりしている。

両親から援助してもらっていることも影響してか、早く仕事を見つけなければとヨウコさんが焦っていたこともあり、短期間でもまずは収入を得られる働き方を見つけていくことを優先する方針で合意。「人と接する仕事よりも作業に集中できたほうが良いですね」というヨウコさんの希望を大切にする形で職場開拓に努めていたところ、ハローワークの相談員からヨウコさんに紹介したい障害者枠の求人募集があるとの連絡が入った。すぐにハローワーク経由で企業側と連絡をとり、ACTという支援者がいることのメリットを説明したところ、ACTも同席する形で面接を受ける運びとなる。企業側とも、ヨウコさんの強みや魅力を共有した上で、仕事をしていく上でのお互いの注意事項などを確認した結果、包装作業を中心とする仕事に就職することが決まった。

この間、ヨウコさんの了承のもと、ACTが保育園にも治療の経過などを説明し、ミホちゃんは無事に復園することができている。上述した企業側への対応と同様に、保育園側にも、今後ヨウコさんのことで何か気がかりなことがあれば、24時間対応しているACTのほうにいつでも連絡をくださいと伝えている。また、就職活動を頑張り過ぎてしまい、途中ヨウコさんがダウンしそうになった際などには、ACTがミホちゃんの遊び相手となり、ミホちゃんと一緒にゲームなどを楽しむこともあった。

ヨウコさんの仕事が実際に始まってからは、仕事が休みの日に合わせてACTが訪問する頻度を下げ、その代わりに仕事に差し支えない時間帯に電話やメールでやりとりする頻度を上げて対応している。初めの頃には「仕事が大変で続けられる自信がない」と言っていたヨウコさんは、徐々に「職場の人たちに助けられて何とかやっています」と言えるようになり、２週間ほどで「娘のためにも今の仕事を頑張ろうと思っています」と言うようになった。

いま、ヨウコさんは別の職場に移って、パンの配達の仕事を続けている。外に出かけて、景色の変わる中での仕事をとても気に入っているようだ。小学校に通うミホちゃんは、最近になって急に背が伸びた感じがする。

第４節　アウトリーチを支える理念やチーム構造

１　鍵となる関係づくり

これまで述べてきたように、ＡＣＴの最大の特徴は、精神障害のある人が生活していく上で必要なすべてのサービスを、その人が暮らす環境に出向いて直接提供することにある。

危機介入はもちろんのこと、往診や処方薬の配達など治療のための訪問を行なうこともあれば、日常生活に必要な食事や洗濯、掃除などを自宅で手伝ったり、趣味やスポーツ、カラオケなどの娯楽を利用者と一緒に街の中で楽しんだりすることもある。家族支援はもちろんのこと、「働きたい」「学校へ行きたい」などの希望があれば、その意思を優先して職場や学校などへ一緒に出向き、住む家がなければ一緒に不動産屋を巡ることも稀ではない。

しかし、在宅を中心としたアウトリーチ・サービスでは、利用者たちにとって私たちは「一来客者」にしかすぎず、利用者には来客者を家庭の中に招き入れることを拒む権利もあれば、そのサービス内容を拒否する権利もある。実際のところ施設では、どんなに綺麗ごとを言っても専門家が「主」で、利用者が「客」の立場となっているが、地域生活ではあくまでも利用者や家族が「主」であって、専門家が「客」の立場であることを忘れてはいけない。つまるところ、私たちがどんなにサービスの有効性や必要性を謳っても、利用者からの了解と信頼を得られなければケアを始めることはできないのだ。

ケアに辿りつくためには、病気の歴史の前に生活史そのものを聞き、その人の価値観や生活のペースなどを理解した上で、その人が密かに誇りに思っていることや楽しみとしていることを教えていただけるような関係づくりを地道に行なっていくことが鍵（前提）となる。とくにACTの対象となるような方への関わりでは、型の決まったサービスをその人に当てはめるのではなく、個々人のニーズに合わせたオーダーメイドのサービスが求められるのだろう。

また、こうした柔軟なサービスを提供する一方で、ACTはケースマネジメントの一類型であるため、利用者の加入から包括的なアセスメントの仕方や利用者の夢や希望を尊重した支援計画の立案方法、また立案された支援計画を実施に移していくプロセスなどについて、しっかりと定式化されていることについても触れておきたい(1)(10)。これによって透明性が保たれ、密室性の高いACTの支援が共依存的・侵襲的・管理的になることを押し止める仕組みになっている。

2 横並びのチーム構造

ACTでは、それぞれのチームのサイズにもよるが、精神科医や看護師、精神保健福祉士、作業療法士、心理士、就労支援の専門家、当事者スタッフなどの構成スタッフ全員が毎朝顔を合わせ、チームに登録している利用者全員の申し送りを行なう。直接接触があった場合はもちろんのこと、電話による相談内容や家族とのやりとりなど、利用者への支援内容と、そこで把握された新たな情報をスタッフ全員で共有する。

このチーム・ミーティングは、単に情報を共有するだけでなく、深刻な事態に陥ることを未然に防ぐために、その日や週末などに起こりうる見通しについて早い段階で見直しを行なう場でもある。精神科臨床では突然に事態が急変するようなことはめったになく、具合が悪くなる前の予兆というものが必ずある。徐々に現れてくる表情のちょっとした変化や、「最近眠れなくなってきた」「音が気になるようになってきた」など、人によって異なるものの、その予兆から危機的状況になる可能性を事前に察知することは可能だ。

その意味では、スタッフが利用者と接触した際に感じたちょっとした違和感（利用者の変化）や些細な気づき（新たな情報）といったものを、経験の少ない若いスタッフであっても萎縮することなく安心してきちんと発言できるようなチームの文化が必要になってくる。

ここで重要なのは、ＡＣＴでは卒前・卒後の教育基盤や社会経験の異なる多職種の専門家が、横並びの対等な立場でチームを構成しているということだ。ＡＣＴでは立場や意見の違うスタッフがいたとしても、まずはその違いを承認（validation）し、そうした違いをお互いに尊重し合いながら、いま目の前の難題をどう乗り越えていくのかを横並びとなって議論し、チームとしての方針を固めていく。

こうした「横並びのチーム構造と承認し合う文化」は、支援者と利用者との関係でも横並びで承認し合える関係をもたらすため、利用者への直接的な関わりにおいても重要な要素になると考えている。ヨウコさんへの関わりを振り返ってみても、「横並び」となって「共に歩む」ことを心がけたことが、世帯全体のエンパワメントにも繋がったように思う。

そして、実際の臨床場面では、スタッフ自らの個性を活かしながら臨床に出かけて動き、専門的な視点や経験を発揮しつつも、その専門職種にとらわれるようなことはない。精神保健福祉士でも服薬相談に対応することは日常であり、歌謡曲に詳しい作業療法士がカラオケに同行することもある。看護師が積極的に就労支援に関わることもあれば、ゲーム好きの利用者がいればそれに長けたスタッフが率先して訪問を行なうなど、利用者の希望に寄り添いながら、チーム全体でそのときの状況に必要な最善の策を講じていくことになる。

3　おわりに

本稿では、世帯支援に焦点を当て、最も集中的・包括的なケース・マネジメントのモデルであり、最も代表的なアウトリーチ・サービスでもあるＡＣＴの実践に触れてきた。

昨今の精神保健医療福祉領域では、特に医療機関からのアウトリーチが拡大する機運は高まる一方で、ことさら地域での医療的支援が少ないことに悩む家族からの期待が大きい。その反面、病院からのアウトリーチが行なわれることで、病棟で行なわれていた管理的な関わりが退院した先の在宅でも同じように行なわれてしまうことへの危惧や、病床をもつ病院が訪問活動を実施することで安易な入院が促進されてしまうことへの懸念も高まってきている。

病棟の延長線上にあるような管理的な多職種チームが粗製濫造されないようにするためにも、もともとのアウトリーチの起源が、ソーシャルワーカーたちが支援を必要とする人々の家庭や日常生活の場に出向き、彼らを生活者として、その生活が豊かになるよう活動してきたことにあることを忘れてはいけない。「手を差し伸べる」という意味でもあるアウトリーチ（Outreach）の本来の意義を実践していかなければならないのではないだろうか。

この原点に立ち返れば、そこでの活動は入院医療を中心とした発想から脱却していく必要がある。入院よりも地域生活の継続を謳っても、実際に活動するスタッフたちがこれまでの精神科医療のヒエラルキーやパターナリズムから脱却していかなければ、医療よりも生活の質や自己実現を優先とした支援モデルを実現していくことはできないだろう。

人は、重い精神障害があろうとも、豊かな生活を送るために医療を受けるのであって、医療を受けるために生きているわけではない。私たち支援者は、どんなに重い精神障害のある人であっても地域で暮らす権利があることを大切にし、その人が「この世に生を受けて良かった。充実した人生であった」と思えるような支援に専念する必要がある。ＡＣＴの現場では「リカバリー」（Recovery）という概念を大切にしているが、世帯支援の現場でも、問題を解決することを目指すのではなく、世帯全体の、そして家族それぞれの望む生活を叶える仕組みの充実が求められているのだろう。

文献

（１）ＡＣＴ‐Ｋ出版委員会『日本で始めるＡＣＴチームの立ち上げ方――アウトリーチによる包括的地域生活支援のコツ』久美出版、２０１０年
（２）池淵恵美「統合失調症の人の恋愛・結婚・子育ての支援」『精神科治療学』21（1）、２００６年、95‐１０４頁
（３）池淵恵美監修「精神障がい者の生活と治療に関するアンケート――より良い生活と治療への提言」公益社団法人 全国精神保健福祉会連合会（みんなねっと）、２０１１年
（４）加藤拓彦、小山内隆生、和田一丸「精神科作業療法を継続している入院統合失調症患者における社会精神医学的側面――結婚と就労を中心に」『弘前医学』57、２００６年、71‐78頁
（５）厚生労働省大臣官房統計情報部「平成24年患者調査」２０１４年

（6）下山千景「統合失調症慢性期女性患者の家族の問題とその対応」『精神科治療学』20（6）、2005年、581-586頁
（7）瀬戸屋雄太郎「日本のACTの概観――フィデリティ調査などから見えていること」『精神神経学雑誌』113（6）、2011年、619-626頁
（8）高木俊介「こころの医療宅配便――精神科在宅ケア事始」『文藝春秋』2010年
（9）田野中恭子、遠藤淑美、永井香織、芝山江美子「統合失調症を患う母親と暮らした娘の経験」『仏教大学保健医療技術学部論集』第10号、2016年、49-61頁
（10）アメリカ連邦保健省薬物依存精神保健サービス部編集、日本精神障害者リハビリテーション学会監訳「ACT・包括型地域生活支援プログラム ツールキット：ワークブック編」EBP実施・普及ツールキットシリーズ2-Ⅱ 第2巻Ⅱ、NPO法人 地域精神保健福祉機構（コンボ）、2009年
（11）中井久夫『隣の病い』筑摩書房、2010年
（12）西尾雅明『ACT入門――精神障害者のための包括型地域生活支援プログラム』金剛出版、2004年
（13）西尾雅明「ACTとは何か」『臨床精神医学』37（8）、2008年、981-986頁
（14）三品桂子『重い精神障害のある人への包括型地域生活支援――アウトリーチ活動の理念とスキル』学術出版会、2013年
（15）山田淳、櫻井高太郎、栗田紹子、山中啓義、賀古勇輝、嶋中昭二、浅野裕「当科にて治療中の統合失調症患者の実態調査」『市立室蘭総合病院医誌』28（1）、2003年、15-20頁
（16）吉田光爾、金井浩一「アウトリーチ」『病棟に頼らない地域精神医療論――精神障害者の生きる力をサポートする』金剛出版、2018年

第3章
浦河町における当事者を中心とした応援ミーティングの取り組み

伊藤恵里子（精神保健福祉士）・川村敏明（医師）

1　はじめに

どのような地域であれば、子どもたちは安心して暮らせるのか。どのような仕組みがあれば、養育者は安心して子育てに取り組むことができるのか――。

私たち支援者が関わる家庭は、経済的不安、心理的・社会的ストレス、夫婦不和、暴力、不適切な養育行動、思いがけない妊娠、アルコールやギャンブルへの依存など、様々な困難を抱えている。

また養育者も子どもも社会的に孤立している場合が多い。周囲に頼れる血縁者も相談できる人もなく、複雑かつ複合的な課題を背負い込み、暮らしが行き詰まっていく。社会的に孤立すると、人はしばしばあきらめやすくなり、投げやりになり、怒りや悲しみの感情、心の傷をひとりで抱え込んでしまう。そうした家庭の状況の中で、子どもたちは虐待を受けていく。

私たちは北海道浦河町において、メンタルヘルスに関わる課題を持った多くの養育者を支援してきた。精神障害を持つ親は虐待を加える比率が高いという見方があるが、「精神障害」が虐待を生むのではない。「社会的孤立」が虐待を生むのである。

社会的孤立の対極にあるのが、人とつながっていける地域ということになるだろう。人とのつながりは安心感を生むので、私たちは「安心とつながりのある地域」をひとつのスローガンとしてきた。その試行錯誤の中で育ってきたのが「応援ミーティング」である。

2　応援ミーティングのはじまり

応援ミーティング誕生のきっかけはある家族との出会いだった。両親は生活保護の給付金をすべてパチンコにつぎ込んでしまい、生活が立ち行かなくなっていた。子どもたちは十分な食事があたえられず、保育所や学校で必要なものも用意してもらえない状況だった。

私自身は病院のソーシャルワーカーとして、他にも多くの関係機関が、この家庭には以前から関わっていた。しかしなかなか環境は改善されず、悪循環がくり返され、支援者もなす術を失っていった。そこで、「本人も含めてみんなで集まって、みんなで悩もう」ということでスタートしたのが応援ミーティングである。

１９９９（平成11）年、児童虐待防止法が施行される前年のことだった。それ以来応援ミーティングは、対象となる家族は少しずつ入れ代わりながら、毎月途絶えることなくつづけられてきた。現在は、各市町村に設置義務のある要保護児童対策協議会の活動に位置づけられている。

応援ミーティングに参加している機関、すなわち〝応援団〟は、保健所、保健センター、子育て支援センター、子ども家庭支援センター、養護施設、児童相談所、教育委員会、学校、保育所、精神科医師、看護師、ソーシャルワーカー、ボランティアなどである。

3　当事者といっしょに

「本人といっしょにみんなで悩もう」とはじまった応援ミーティングであるから、養育者が参加することは大前提である。関係者だけが集まってあれこれ問題を分析、検討する一般的な処遇検討会議とは、そこが根本的に異なる。

また応援ミーティングにおいては、支援者が養育者に上から注意をあたえたり指導を行うことは一切ない。なぜなら注意や指導というやり方では事態を打開できず、途方に暮れた末に生まれてきた会議であるからだ。直線的に問題を解決していこうというアプローチではうまくいかないということを、私たちは体験的に学んでいた。

いったい養育者の中でなにが起こっているのかに、私たちは注目した。そしてその人が持つ能力や魅力、可能性を発掘することを目ざしたのである。これは問題解決型アプローチとはまったく発想を異にする、いわば応援型アプローチと呼べるものだ。

つまり応援ミーティングとは、「当事者が参加する応援型アプローチの支援会議」と定義することができる。

4　オープンな話しあいと、くり返される〝応援〟

応援ミーティングは一度会議を開いて終わりではなく、月に1回ずつ定期的、継続的に行われる。毎回ミーティングでは、まず養育者から現状の報告がある。うまくいったこと、最近気がついたこと、努力をしていること、どういうことで苦労したか。

つづいて支援者からも気づいた点、よくがんばっていた点、こういうことに苦労したよね、といった話が出される。あるいは支援者がなにを心配しているのかも、率直に語られる。

そのようにして養育者と支援者が、子どもにとって、また養育者にとってなにが必要なのかといった課題を共有し、さらに活用できるサービスやプログラム、必要な支援について具体的に話しあっていく。

たとえば、「週末に子どもと一日中いっしょに過ごすのがきつい」という話が親から出されたとする。では訪問看護をちょっと増やそうか、ボランティアさんに手伝ってもらおうか、といった話がされる。ミーティング後、実際に支援者の協力の下、訪問看護師やボランティアにお願いをする。そしてそれがどうだったかを、また次の応援ミーティングに持ってきて報告する。

あるいはたとえば、子どもの入学を控えていて、不安がいろいろあるという話が出されたら、「それいいテーマだから、ぜひあじさいクラブの仲間たちに相談してみようか」となる。あじさいクラブとは、浦河町で病気や障害を持ちながら子育てに取り組んでいる親たちのミーティングだ。

あじさいクラブにひとりで行く勇気がない、ひとりで話すのはむずかしいということになれば、「じゃ私もつきあうよ」という支援者があらわれてくる。次の応援ミーティングでは、あじさいクラブに参加してどうだったのかが報告される。

つまり応援ミーティングは、地域で行われる支援と連動しているのだ。前回のミーティングで話しあわれたことを踏まえて、1ヶ月間、地域でやってみてどうだったかを、次回のミーティングでふり返り、また地域でチャレンジする。

養育者と支援者、場合によっては子どもたちもいっしょになって、目ざす方向性を確認し共有する場である。子どもの安心安全な環境をつくるためにはどうしたらいいかを、同等な立場に立って考える。問題をともに眺め、話しあい、報告しあい、研究しあい、そしてともに実験し悩むのである。

こうしたくり返しの中で、当事者たちは応援されていることを実感するようになり、安心感が増えていく。そうすると様々な課題に取り組む力も自ずと育ってくるのである。

5　仲間とのつながり——あじさいクラブ

ここであじさいクラブについても、少しふれておく。応援ミーティングが「安心とつながりのある地域」をつくる作戦本部だとすれば、あじさいクラブはそれを実践する現場のひとつということになる。

あじさいクラブとは先ほど述べたように、子育てに様々な困難を抱えている親たちのグループで、毎週集まって語りあっている。そこではまず、子育てや家庭生活での悩みや体験、また社会生活での困難さをひとりずつ順に語る。その後、とくにみんなに相談したいという人のテーマを取りあげて、全員で深めていく。

自分の悩みを受けとめてもらい、また参加者から同じような体験を聴くことが、親たちにとって大きな力となる。それは支援者がどんなにがんばっても生み出せないものだ。様々な苦労をしてきた親たちだからこそ、通じあう言葉があるのだ。

あじさいクラブでは当事者研究、ＳＳＴ（social skill training）、ペアレント・トレーニングなどを活用しながら、より良い親子関係を目ざすための研究と練習も行っている。これも当事者同士がいっしょに参加していることが、非常に重要だ。支援者が親業のスキル・トレーニングを押しつけるのではない。仲間とのつながりの中で、親たち自らが子どもとの良い関係をつくっていくことを望みはじめる。子どもの成長にとって良い関わりとはなにかを、知ろうとしはじめる。支援者のすべきことは、そのような場を育てていくことだろう。

＊＊＊

Aさんは「自分の子どもをかわいいと思えない」という悩みを持っていた。「その感情をこまかく見てみよう」ということになり、ホワイトボードにAさんの言葉をどんどん書き出していった。仲間たちも自身の似たような体験からいろいろな気持ちを語り、それも書き加えていく。

子どもをどう扱っていいのかわからない／なにを考えているのかわからない／私のメンツをつぶしてくれる／自分のせいかと思ってしまう。

そのうちにAさんは、「私の理想や期待があるから、かわいいと思えないのかも」と考え出し、「もしかしたら、これは私サイドの問題かも」というところに思いが至るのである。

そこで認知を変えてみようということになった。「どうも相性があわない子どもを、どのようにとらえ直すことができるだろうか」というわけだ。参加者たちみんなで意見を出しあってみた。

自分になにかを教えてくれる存在かも／自分をトレーニングしてくれる存在かも／自分になにかのメッセージを送ってくれる存在かも。

やがてAさんは、

「〈やりたくない〉とか〈きらい〉とか、子どもはいいたい放題で、私はイライラしてしまう。でも考えてみると、私は子ども時代にそんなことはいえなかった。だから私は自分の子どもがうらやましいのかも知れない」

と話した。

「私は人の顔色ばかり気にしている。子どもにはそうなってほしくないから、これでいいのかも」

Aさんがそういうと、他の参加者からも、「Aさんの話、私の苛立ちにもあてはまる」「自己主張できる子どもに育っているってことじゃない？」という声が飛んだ。

6　みんな語りはじめる

私たちが関わっている養育者の多くは、子ども時代に強い不安やストレスを感じながら生きてきた。守られるべき人に守られず、虐待的な環境の中で育ち、自分には価値がないととらえている人もいる。そうなれば当然、「話しても通じない」「話してどうなるわけでもない」「人は信用できない」と感じるようになってしまい、言葉を心の奥底にためこんでいく。

だから応援ミーティングを開いても、これはあじさいクラブも同様だが、最初はなかなか思いを語れないことが多い。そういうとき私たちは、「まずは足と耳からはじめよう」と声をかける。とにかくミーティングに足を運び、まわりの人たちの語りに耳を傾けてみようという提案だ。

そうやって応援ミーティングに身を置いているうちに、人から尊重され、安心感の持てる関係が構築されていく。また参加者が弱さをオープンに語る雰囲気にも触発されて、やがてみんな語りはじめる。人は誰でも語りたい欲求を持っており、言葉が出てくることは回復の基本である。

さらにどんな感情も否定されず受けとめられ、自分の考えや気持ちを理解されると、自分は価値ある存在だという感覚がふくらみ、エンパワーされ自信もわいてくる。そして驚くほど表現ができるようになっていく。

言葉を取り戻すと、悪循環をくり返してきた自分の生活を振り返る勇気も出てくる。感情や行動をコントロールする力、生い立ちを整理する力、過去のトラウマ記憶に向きあい、自己を再構成していく力を得る。そしていま抱えている課題に立ち向かう力を養っていくのである。

Bさんはしばしば子どもを怒鳴ったりたたいたりしてしまう。当初はどうして彼女がそうなるのか私たちはわからなかったのだが、応援ミーティングの中で語りはじめた。

Bさん曰く、私はみんなより劣ったダメな母親だと思っている。私みたいな親を持って、子どもがかわいそうだ。だからいつも「しっかりしなくちゃ」と考えているが、そう思うほど追いつめられていく。悪いことが起こることを前もって想像してしまい、さらに悪い方へ悪い方へと考えてしまう。余裕がなくなり、力が入り過ぎる。不安が不安を呼んで、子どもにもイライラしてしまい、暴言を吐いたり暴力を振るったりしてしまう。その結果子どもに罪悪感を持ち、ますます「しっかりしなくちゃ」と追いつめてしまう──。

表面上の問題を眺めているだけでは、決して見えてこない内容であった。Bさんが語る力を持てたことで、ああ、そうだったのかと、支援者が学ぶことができた。子育てにおいて言葉がいかに大切かということ、また養育者が不安をため込むと、結局は子どもが傷つけられていくという虐待の構造も再確認することができた。

Bさんにたいして参加者からは、「ひとりで葛藤して一生懸命にがんばってきたんだね」「しっかりしていない自分を話せていることがすごいよね」「しっかりしないままでいいんじゃないの?」「しっかりするより自分の助け方を相談していこう」といった声がかけられた。

＊＊＊

7　笑いとユーモア

応援ミーティングでは笑いが絶えない。話しあわれているテーマが重たいものであっても、笑いやユーモアを大事にしていこうという雰囲気がある。もちろん虐待などを是認しているわけではない。当事者が自分の弱さ、情けなさを大っぴらに語るときに生まれる笑いである。

自分の失敗をさらけ出すのは、当事者だけではない。支援者も当事者もいっしょになって〝情けない自分〟を語り、みんなで笑うことによって、信頼関係が深まっていくのである。

＊　＊　＊

Cさんは夫婦関係に悩んでいた。夫婦ゲンカがこじれて長引いているという。それをきいて支援者のZさんがこう口を開いた。

「実は……、私も妻とケンカをして、2ヶ月も口をきかなかったことがあったんですよ」

えーっ、2ヶ月も！　と一同どっと笑った。するとYさんがいう。

「腹が立つと、全部腹が立つんだよね、昔のいろんなことも。〈いまそれを持ち出すか〉というようなことまで、いってしまうんですよ」

そこでまた笑いがわき起こり、そのあとはみんな口々に話しはじめた。

「あやまるタイミングってむずかしいんですよ。ぼくもそれを逃しちゃって」

「〝ケンカをこじれさせる方法〟ってあるかも知れないですよね」

「それは意地を張りつづけることですよ。素直にならずに、相手を責めつづける」

「いやー、その通りです。意地を張って、ムキになって、それで私は離婚したんです」

「そんなふうになりたくないよね」と、Cさんも含めみんなで大笑いだった。それから、夫婦ゲンカによって子どもたちがどのような影響を受けるのか、という話に発展した。

8　支援の創造とタイミング

応援ミーティングのあたたかい空気の中で、養育者がどんな困難やニーズを持っているのかが次第にはっきりと見えてくるわけだが、次の問題は「では、具体的になにを提供できるか」ということになる。

多様で複雑な課題を抱えた家庭にたいしては、定期的、継続的、包括的、重層的な支援が必要である。そしてその支援は個別的でなければならない。苦労している家族を支えるためにはマニュアルを超えた関わり、個々のニーズにあわせた個別的な支援を行わなければならないのだ。

「毎週○曜日の○時に行きます」「相談があったら出向きます」「本人からの要望があれば訪問します」といった型にはまった支援だけでは対応できない。

もちろん関係機関が通常提供する訪問や面接などフォーマルな支援は重要である。しかしもっとこまやかなサービス、当事者の声に応える暮らしへのサポートを、ボランティアや地域住民の手を借りながら創造する必要がある。そのさきに「子どもも養育者も安心して暮らせる地域」というものが浮かびあがってくる。

この個別の支援にはタイミングも非常に大切である。たとえば精神的に余裕があるときには家事や子どもの世話をこなせるが、余裕がなくなるとできなくなるという人もいる。こうした場合は「毎週○曜日に訪問」といった形式ではうまくいかない。養育者が行き詰まったタイミングでの支援、あるいは余裕を失う前の支援など、時宜を得たサービスが必要となる。

＊　＊　＊

支援を必要とするDさんが妊娠したとき、私たちはすぐに応援ミーティングを開いた。そして出産前から訪問が開始され、出産後には授乳や入浴、赤ちゃんの夜間預かりなど、支援が毎日何度も入ることになった。

Eさんはスーパーマーケットの人混みが恐怖で、すべてをコンビニエンスストアで買っているために、いつも生活費が足りなくなっていた。そこでボランティアがスーパーでの買い物に日々付き添うことになり、Eさんはコンビニの割高商品を買わずにすむようになった。

Fさんは子どもの運動会、授業参観や卒業式にひとりでは緊張して顔を出せなかったので、ひとつひとつの行事にボランティアが付き添った。そうした支援によって、Fさんは子どもの学校の様子を見ることができるようになった。どれもフォーマル支援ではカバーできない、個々のニーズにあわせた創造的なサービスだったといえるだろう。

9　支援者も応援してもらえる懐の深さ

応援ミーティングが〝応援〟するのは、当事者ばかりではない。そもそも応援ミーティングは「本人といっしょにみんなで悩もう」というところを原点としているので、支援者も悩みや失敗をオープンに語れる雰囲気がある。そしてやはり当事者と同じように、支援者もここで他の出席者から指導されたり注意を受けることはない。

応援ミーティングでは支援者も応援されて安心することができ、それがより質の高いサービスへとつながっていく。逆にいえば支援者にゆとりがなければ、いい支援は提供できない。

＊＊＊

統合失調症を持つ妊婦のGさんが、地域の病院のソーシャルワーカーによって〝発見〟されたとき、彼女は既に妊娠8ヶ月を過ぎていた。それまでまったく受診しておらず、助けてくれる家族も友人もなく、生活費も病院へ通う交通費も食べ物も電話もなく、当然出産の準備もまるでできていなかった。

すぐに応援ミーティングが開かれた。関係者からは心配する声が次々とあがったが、Gさん本人は「自分で赤ちゃんを育てたい」という。そこで全員で知恵を出しあい、ボランティアも動員して、産前も産後もきめの細かい支援を展開した。そしてGさんはみんなに支えられながら、いまも子どもとの生活をつづけているのだ。

もし、第一発見者である病院のソーシャルワーカーがひとりで関わっていたら、地域の保健師がひとりで訪問に走っていたら、こういう展開にはならなかった。支援者側が高いリスクにたいする不安を持ち、「自分で育てたい」というGさんの思いには応えられなかっただろう。あるいはすべてを抱え込んだ支援者が疲弊していたかも知れない。

支援者が応援ミーティングによって〝応援〟されたのだ。その結果、積極的な支援が展開されたのである。

10 おわりに

最後の事例で紹介したGさんだが、現在も彼女を囲んで毎月定期的に応援ミーティングが行われている。Gさんにとって応援ミーティングはどんな場かと訊いてみたら、「心に筋肉がつく場所」という答えだった。

Gさんは様々な支援を受けているが、自分の部屋にいると幻聴にふりまわされてしまうという。そこで日中は赤ちゃんといっしょに、私の働く診療所のデイケアにきてもらっている。

デイケアには常時だれかが出入りしているから、みんなで赤ちゃんを育てているような格好だ。いっしょにあやしてくれる人やミルクをつくってくれる人、Gさんに「赤ちゃんを見ててあげるから、休憩しておいで」といってくれる人、「赤ちゃんを抱っこしたい」といって学校帰りに立ち寄る小学生もいる。専門家でも有能な支援者でもない普通の人たち、特にデイケアには頼りない人たちも多く出入りしているのだが、そうした人々がつくり出すあたたかい〝応援的〟な支援が展開されている。その中で赤ちゃんはすくすくと成長しており、まもなく一歳の誕生日を迎えようとしている。

子どもも親も安心して暮らせる地域とはなにか、これを私たちは考えつづけてきた。Gさんの事例は、今後への大きな可能性を示しているような気がする。様々な困難も人と人とのあたたかいつながりで包んでいける地域社会を、これからも少しずつつくっていきたい。

私たちが目ざしているのは、「養育者が完璧な子育てをできるようになること」ではない。不器用なまま、情けないまま、苦手なことを持ったままでもいい。それでもつながっていたら安心が増える、そういう地域であり、そういう関係性だ。

私たちが関わっている家庭の子どもたちが成長して親になれば、また同じような困難にぶつかるかも知れない。しかしそんなときは自分たちの親がそうしていたように、ひとりで抱え込まず、まわりの力を借りながら子どもを育てていけばいい。私たちの支援は、彼らがそう思えるようになることも目的のひとつとしている。

コラム　川村敏明インタビュー（聞き手／伊藤恵里子）

――応援ミーティングとはなにか、っていう話なんですが。

応援ミーティングがはじまった頃、非常に大事なポイントとして意識したことがあります。それは当事者、リスクを抱えた人がいて、そこを関係者がどう応援するかっていう図式だけじゃないということ。支援する側の人たち自身が、応援を必要としているというかね。

――支援者も応援が必要だった。

そうそう。いろんな関係機関の人たちを見ていると、余裕がなかったり、大事なことがわかっていなかったり、ただ張り切っているだけだったり。これで当事者たちは本当に応援をされていると感じるだろうか。そうは感じないだろうなあ、と。

ハイリスクな家族とか子どもを応援するといっても、一体なにができるんだろうと考えました。まずは支援者が安心して仕事に取り組める場所が必要だ。まずはそのための応援ミーティングだったわけです。

――みんなしっかりしていない支援者だけどそれでいいって先生は言いますが。

都会だときっと人材豊富なんじゃないかと思いますけども、私たちのような田舎でなにかすばらしい人だけ集めてやりましょうっていっても、そんなことは不可能（笑）。ごく普通の人たちが、この大切な役目をどうやったら果たせるかっていうときに、ひとりひとりが応援をもらっている、そこなんだろうと思うんです。

――子どもや親を「応援する」という仕事の中で、なにが一番大切だと思いますか。

私たちはまず無力だということ。瞬間的には有力なときありますよ、でもつづかないです。その無力な人たちが、子どもにたいして、親にたいして、有力な力を発揮しなきゃならないわけでしょ。子どもや親に、「守られているな」っていう実感をどうやって伝えられるかっていうことなわけですよ。

――はい。で、どうすれば？

まず当事者たちは、あまり私たちに期待しなくなった。どうもパッとしないなって（笑）。いいことだと思うんです。それから無力だからこそ連帯というか協力というか、そうやってつながっていった。無力だからみんなでやればいい。

無力は、なにもできないっていう意味じゃない。無力からはじまる、そして力を発揮しなきゃいけないときに、誰ひとり、立派じゃない。でも、みんなでやると効果が表われるっていうのを、私たちは体験してきました。そのときに当事者も力を発揮していく。子どもも順調に育っていく、子どもの将来、育っていくの、楽しいですねえー。無力っていうのは、できない、お手上げっていうんじゃないんです。みんなで、さあこれやるよっていうことです。

——まずは自分たちの無力さを自覚する、と。

そう、でも無力だけれど、機嫌よく！　機嫌の悪い医者はいっぱいいます。私たちは機嫌よく問題と向きあうっていうことをしなければならない。応援をするっていうわれわれの仕事を、魅力のあるものにしなければいけない。魅力的じゃないとダメです。魅力的だと人が集まってくるんです、自然に。

——私たちの応援ミーティングは笑いが絶えませんよね。

みんなで温泉に入っているような気分だよねえ。みんなゆったりしている。ゆったりしていて、よく笑うよねえ。真剣な話しあいをしているように見えませんね（笑）。

——応援ミーティングにおける医師としての役割をどう考えていますか。

伊藤さんからいつも、「先生は空気をつくってくれ」といわれていますよね（笑）。子どもたちが安心して無事に育っていけるんだよという場を、親にも子どもにも提供するときに、どうすることが最も効果的かなあって、いつも考える。効果的なことはなにか。そのときに私自身はどのくらい前に出るのか、踏みとどまるか。医者の私がなにかするのではなくて、みんなで力をあわせる。みんな自分の役割をどういうふうにすることがいいのかって、工夫していると思います。

――虐待分野で起きていることと、精神医療で起きていることが似ていると、先生はよく話されていますが……。

精神科医療の場においては、病院や医者が期待されて、多くのことをゆだねられて、任されて、そして医者の側もそれを引き受けてしまう。それは児童相談所が、多くを引き受けてしまっているのと似ていると思うんです。その結果、精神科患者が病院に隔離され、虐待する親から子どもたちは離されて、一見問題が解決され安心が確保されたようだけれど、まずいのは地域の中から〝テーマ〟が消えてしまうところです。

――当事者たちの悩みが見えなくなってしまう、と。

そうですね。当事者の悩みが見えないし、当事者の言葉がきこえてこない。私は自慢じゃないですが、自称「治せない医者」ということを地域に伝えつづけてきました。医者や専門家がすべてを背負って、結果的に本人からも地域からも悩みを奪ってしまうのではなく、どう考えればいいんだろう、といっしょに悩んで、言葉を持って、繋がって、深めていくということを目ざしてきたわけです。結果、浦河では、患者さんたちが力をつけて、入院に期待しなくなって、精神科病棟はなくなったんですよ。

――「厚みのある支援」ってよく言われますが。

応援には厚みがないとダメなんですよ。ひとりやふたり、1列だけの応援じゃダメなんで、2列目も3列目も、全体として応援態勢になってないとダメなんです。

ぜひ工夫して無力を糧にやっていければ、なかなかおもしろい世界を見ることができるんじゃないかと。私も「いいなあー」っていう場面、たくさん見てきました。これはなかなかぜいたくなことです。

――さいごに、応援ミーティングでの学びを毎回大事にメモしている教育委員会の方がいるんですが、彼女のノートから、先生がおっしゃった言葉を紹介しますね。

自分の弱さ、へたくそさに気づくこと。
問題として見るのではなく、サインとして見る。
真剣だけど深刻ではない。
間違ってもいい。行き詰まらないために相談する。
期待しないけれど、あきらめもしない。
治らないところを治そうとするより悩み方、考え方、相談の仕方を変える。
つながりは元気の貯金。
積み重ねが「形」になる。
苦しいこと、辛いことを深め、無駄にしない。
「助ける - 助けられる」をはっきりしなくてよい。
お互い様でやっていくことが大事。

第4章
沖縄県糸満市における行政と民間機関の連携による世帯支援

山城涼子（精神保健福祉士）

1　要保護児童対策地域協議会を創る

平成21（2009）年のことである。糸満市児童家庭課（現子ども未来課）の課長から、「新しく設置する協議会の運営に協力して欲しい」と連絡が入った。子ども虐待などに関する関係機関相互の情報共有と連携を図る「要保護児童対策地域協議会」（以下、要対協）という協議会ということらしい。当時の私は子ども虐待のことにもこの協議会のことについても理解が浅く、正直なところこの申し出にはとても驚いた。とはいえ、この課長とはかつて「障害者ケアマネジメント試行事業」を通してご一緒したことがあり、クライエントのアセスメントや支援内容についての議論などを通して、互いに話しやすい関係でもあったことが背景にあるのだろう。私はよくわからないままに、実施要綱を示してもらいながら説明を受けた。

課長によると「糸満市は貧困の問題だけではなく、あらゆる場面で支援の必要な子どもたちが多く、養育する親にアルコールの問題や精神疾患を発症しているかそれが疑われる場合も多い」という。「以前に保護課のケースワーカーをしていた頃に、精神科病院のソーシャルワーカーと何度も仕事をした。だから、精神障害者の支援を進めるには精神保健福祉士がカギになることはわかっていた。このたび新たに取り組む要対協を、形式的な会議に終わらせず糸満市で暮らす親子のために本当に有意義なものにするには、実務者会議の委員長はぜひとも精神科医療機関の精神保健福祉士にお願いしたいと思っている」とのことだった。学生時代に、児童相談所の一時保護所で寮母のアルバイトをしたことのある私は、持ち前の「面白そう」という嗅覚だけでいつの間にか身を乗り出していた。

この要対協とは、児童福祉法に基づき全国の市区町村に設置が義務づけられている機関であり、非行や虐待がみられる世帯について、地域の関係者たちが情報共有をし連携を図る場である。一般的に、①代表者会議（年一回程度の開催で、参画する機関の代表者が集まり連携体制の確認を行なう）、②実務者会議（検討する世帯の台帳に沿ってその進行管理を行なうケース・マネジメントのための会議。自治体によって異なるが3、4ヶ月に一回の開催が多い）、そして③個別支援会議（文字通り個別の事例を関係者間で協議する会議で、随時開催される。学校、保健機関、医療機関など多様な場で開催され、直接関わっている関係者が集まり、当面の世帯支援の方向性を協議する）の三層の会議から構成される。

このうち、代表者会議に私が勤務している病院の精神科医を、そして実務者会議には委員長として精神保健福祉士である私を派遣して欲しいとの依頼にたいし、病院長も糸満市の地域貢献につながるのであればと承諾し、病院から市への協力が決定した。それから一年間、私は担当課の課長や係長らとミーティングを重ね、協議会の運営方法（個別支援会議のあり方、実務者会議の進め方や他会議との連携方法）を模索した。一緒に食事をしながら糸満市の子どもたちの置かれた現状や対策についてざっくばらんに語りあう機会も多く、市役所の会議室で議論するよりも不思議と豊かな意見が交わされた。互いにいま感じていること、こうあってほしいという夢や希望など、打ち合わせ段階で十分に率直な意見交換をすることができた。その空間が互いの緊張を和らげ、「なにを語っても大丈夫」という安心をもたらしたのかも知れない。思えば、主体性と安心感を持って取り組む上で、この過程はとても大切だった。要対協の参加メンバーにも、こういう空気の中で自由に議論してもらうにはどうしたら良いか、という実感に基づく視点を持つきっかけをつくってくれたからである。

これは後になってから知ったことであるが、民間の、それも精神科病院のソーシャルワーカーが行政の要対協実務者会議の委員長を務めるケースはとても珍しいことらしい。一般に要対協は行政職員中心で構成され、地域の民間機関が一部加わる程度だという。つまり、こうした斬新な運営形態を企画し支えていたのが、他ならぬこの課長であった。メンタルヘルスや生活の問題を抱える人が多いという特性を直視し、あえてその領域に詳しい民間法人職員を委員長に据えるというアイデアを打ち出し、自ら膝突きあわせた事前協議を重ねて巻き込んでいく。市役所内部にたいしては、「私たちはこの問題の素人。専門家を呼んできて、のびのびとその機能を発揮してもらえるよう庁内の環境を整えるのが行政職員の仕事」と言いつづけ、職員の理解を取り付ける。他の要対協が苦慮しているという精神保健医療福祉の専門職との連携や参画について、この課長は要対協の設置前から気づいて準備を進めていたということになる。たしかにこの方法であれば、地域の資源を市政に活用できる。その眼差しと行動力は、まさにソーシャルワーカーそのものである。これも後から知ったことであるが、この課長は生活保護課ケースワーカーの経験を機に、自ら社会福祉士の資格も取得された方であった。

こうして、担当課長の深遠なビジョンにうまく乗せられた私は、子ども虐待の予防や対応、困難を抱えた世帯支援という新たな課題に取り組む決意を固めていった。とはいえ、具体的な運営方法については、まさに手探り状態である。精神保健福祉士として参加する病院内でのカンファレンスや地域の支援者を交えた個別支援会議の進行ならば経験はあったものの、普段の業務では接点の少ない機関の方たちとともに、子ども虐待リスクの高い世帯への支援を検討するという重い責任が伴う協議会を運営するということに、これまでにない重圧も感じはじめていた。

2　チームマネジメントを学ぶ

実務者会議の委員長を引き受けた年、職場で管理職研修がはじまった。精神科病院で精神保健福祉士たちをまとめる相談課の課長をしている私も、この管理者研修を受講することになった。「風通しの良い職場づくり」「報告・連絡・相談のしやすい職場づくり」「新人教育」のために課長として取り組みたいことはなにかというテーマだが、これは偶然にも要対協実務者会議の委員長にも求められる内容と思われた。一方的な講義形式ではなく、病院の各課の課長たちがワールドカフェ形式のグループワークを通してテーマに沿った学びを深めるというものであった。ここではテーブルに茶菓を置き、会話を楽しみ、お菓子を食べながら、自分の意見を積極的に自由に出していく。ルールはシンプルである。話は短く簡潔に。相手の話に耳を傾けながらアイデアを繋ぎあわせていく。批判はせず相手の意見を尊重しながら前向きなアイデアを出していく。皆がわかりあうことが目的であるため結論を出す必要もなかった。医療機関には医師や看護師、作業療法士や心理士、栄養士、精神保健福祉士など専門職を取りまとめるそれぞれの管理者が置かれ、総務課、経理課、医事課、保全課など病院運営に欠かせない事務職の管理者もいる。専門分野も業務内容も文化も異なる多領域の管理者たちで、通常の業務会議では各課の立場や役割を主張することも多く、折り合いをつけるには時間も労力も割かねばならない。そんな、同じテーブルで語りあうのは少々難しいと思われる顔ぶれ同士が、共通するテーマとして「よりよい組織と人づくり」について語りあうのである。ところが、このワールドカフェ形式でのグループワークを進めていくと、参加者から自然に笑みがこぼれリラックスした環境の中で語りあうことができたのである。そして、「私たちは良質な医療を提供するために組織を良くしていく」「同じ組織の仲間である」といったことを実感し共有することもできた。この研修以降、実際に職場の雰囲気も少しずつ変わりはじめ、立場の異なる職員同士が、患者のために何ができるのかを共通課題としてともに悩みともに支えあうというムードが育まれていった。

この体験から、ワールドカフェ形式を用いた会議運営が要対協の実務者会議にも活かせるのではないかと思うようになった。要対協の参加者も多種多様な分野の専門家である。それぞれの仕事にかける想いの強さは領域間の葛藤もまた生み出しやすいことだろう。公的な協議会として子ども虐待対策に取り組む以上、社会的な責任性の重圧も避けられない。しかし、子どもの健やかな成長を応援するという究極の目標はひとつである。それならば、私が病院の研修で経験したのと同じ構造ではないか。

3 実務者会議を創る

翌平成22（2010）年、「糸満市要保護児童対策地域協議会」が正式に設置され、いよいよ運用がはじまることになった。私が担当する実務者会議は、原則として個別のケースについて深く検討する場ではない。「進行管理」といって、検討対象となった多くの世帯それぞれの状況をモニタリングし、課題になっていることやその支援がどう進んでいるのかを限られた時間で全例確認しなくてはならない。世帯の変化の見落としやどの機関も関わらないまま放置することがないよう、その世帯と支援チームの双方について状況を確認し、見えてきたことを共有する。とくに切迫した状況にある世帯、複雑で困難な世帯、機関連携がとくに必要な世帯については、入り組んだ課題を整理して主担当者への助言やアプローチ方法の提案もするなど、実務者委員会やその委員長が担う機能は多岐にわたり、重い。しかも、取りあげる事例や共有すべき情報が多いと、協議会が情報の羅列だけで形式的に進んでしまう危険もある。だからこそ、各委員が抱えている心配ごとを安心して開示してもらい、それを皆で受け止め積極的に支えることで、ひとりあるいは一組織で抱えているのではないという安心感と新たな対策を持って各自がそれぞれの世帯に向きあっていけるような、そんな場にしたいと考えた。

また、実務者会議は教育委員会、警察、生活保護担当課、健康推進課、保育所、女性相談所、精神科病院、圏域の福祉事務所、大学など、専門領域の異なる様々な専門家たちが集う場でもある。委員それぞれの持ち味を活かし、のびのびと積極的に意見を出しあえる場にしたい。行き詰まった世帯を支援しようとするのに、私たちの協議会が煮詰まったり行き詰まったりしたのでは前向きな議論にはならないと考えたからだ。糸満市の子どもに関わる深刻な困りごとについて、皆で一緒に知恵を出しあえる会議はどのようにしたら可能なのだろうか。正直なところ不安ばかりであった。

そこで、実務者会議の直前に委員長と担当課スタッフでプレ会議を持ち、概要をつかみ検討すべき課題をピックアップしておくことにした。実際の会議と同等のエネルギーを要するが、実務者会議の議論に血を通わせるためには必要なプロセスだと感じている。また、実務者会議そのものの進め方についても、準備期間に課長と話し合った「糸満市で暮らす親子のために本当に有意義なものにする」という方向性に沿うこと、さきに述べた病院内研修会の経験を反映させること、そして要対協実務者会議を「支援者支援の場」と位置づけてソーシャルワーカーとしての視点や機能を活かした要対協運営を目ざすことを念頭に、以下のような運営方針を自らに課すことにした。

(1) 笑いが出るようなリラックスした雰囲気をつくる

基本的に深刻で、議論している自分たちも気持ちが塞がるような話題の多い会議である。深刻な顔をしているだけでは、支援者も身構えて高圧的な介入も止むなしという方向に話が進みがちである。しかし、どのような問題にも一面では積極的で建設的なヒントが隠されているものである。表面化した現象を肯定的な方向からも捉え直してみることにより、当事者の意外な力や建設的な思いに気づくこともできる。力んでしまい無理のある動きをしようとしている自分たちの姿がコミカルに浮かび上がってくることもある。そんなとき、自然と湧き上がってくる笑いは、実は大きな力を秘めている。笑うことは、首まで現実に浸かっていてはできないもので、少し離れた所から見る冷静な視点が必要である。実際、行き詰ったときに出てくる笑いを機に、思いもよらなかった支援のアイディアが出てくる経験は少なくない。司会の進め方声のかけ方ひとつで、会議のムードは大きく変わる。リラックスできる雰囲気づくりは、きわめて重要だと感じている。

（2）委員を非難しない

どの委員も、所属組織における本務を持っていてバックグラウンドも経験も多様である。当然、視点や考え方の違いもある。当事者との関わり方にも、こうすれば良いのに、もっと早くアプローチすべきだったのに、といった思いを相互に抱くこともあり得るだろう。しかし、まずは思いを表現しようとしなくては意識化も相対化もはじまらない。そのために安心して発言できる環境が不可欠である。非難される場ではないということが実感できないと、自信の持てない発言はのみ込まれてしまいがちである。立派な発言をしようと気構えるより、どのようなアイデアでも大切に扱われるという安心感がある方が、自由な発想が生まれやすい。「こうあるべき」という枠組みに縛られずに発想しなくては、多様な世帯の多様な課題への対応は難しい。

（3）協議の目標をくり返し確認しつづける

心配な状況にある世帯について議論していくと、焦りや不安に包まれた委員たちも次第になにが目的なのかを見失いがちになる。些末なことに焦点が当たったり、どこかの機関に対応を一任したくなったり、「見守り」という便利な言葉で先送りしたくなることもあるだろう。だからこそ、協議の中で常に意識しつづけておかなくてはならないのが、どうなることが到達点なのか、完璧な対応はできなくとも自分たちはいまなにをすればいいのかを明確に意識しつづけるということである。子ども虐待への対応は、深く暗い森に迷い込むようなところがある。同じところをグルグル回ったり、投げやりになったりしないためにも、委員長は議論を俯瞰し、森の出口を常に示していく役割があるように思う。どのような目標に向かって協議をしているのかを常に意識し、会議のときにはそれを言葉にして確認する。「子どもの健やかな成長を応援するための応援団として協議しているのだ」という基本を協議会全体が忘れないようにするためである。

（4）支援者が不安や弱音を語ることができる場にする

右記の笑い、非難しないこととも通じるが、委員自身が抱く思いはきわめて重要だと考えている。その視点や発想は実際の支援場面に反映され、所属機関の意思決定にも影響するだろうからである。冷静で多面的なアセスメントができなければ、その後の関わり方にも否定的な影響を及ぼすだろう。そのため、各委員は自分が抱えている状況について安心して語れる方が良い。とくに、支援にまつわる不安、焦り、怒り、悲しみといった感情を伴う語りを共有できる場は限られている。協議会内で共有されたことは協議会の外には持ち出せないが、私たちに課せられた「守秘義務」は、逆にこの場での十分な検討を求めているのだと思う。人前でしかも会議の場で弱音を語ることはとても難しい。だからこそ、委員長である私自身が「いま私が不安に思っていること」「皆の助けを借りたいこと」を自分の言葉で語ることにしている。自分が失敗したこと、経験したこともあえて開示し、皆で笑ってもらっている。私たちが本音で協議できれば、しんどい思いを軽減させ解決に向かうようなアイデアもまた、出てきやすいように思う。それをチームで共有すれば、全体としての力が向上していくのではないか。

（5）支援者を育てる場にする

実務者会議の委員には、前述したとおり子どもを取り巻く各機関から担当者が参加する。大学と精神科病院に所属する2名の委員以外はすべて公的機関の職員であるため、担当課の課長や要対協事務の職員も含め一定期間で人事異動となってしまう。また、委嘱機関そのものも2年と決まっているため、比較的短期間に人の入れ替わりが生じる。委員の半数が入れ替わる年もあり、委員が交代するたびに会議の雰囲気も変わる。新たに委員となった方はとても緊張して会議に臨んでいることが多い。やはり児童の虐待事案を取り扱うため各委員にかかるプレッシャーが大きく、とくに教育機関など直接子ども支援に関わる委員は自らの職責を全うしたいという思いもあって肩に力が入るようである。組織は生き物であり、そのときどきのメンバー構成によって多彩な変化を遂げる。加えて、要対協のような構造で子どもやその世帯の支援を検討する機会は他にない。ここで世帯の生活の困難の実態やその結果として子ども養育不全が生じるメカニズムに触れることは、各委員の今後の視点や関わり方に肯定的な影響があるものと信じたい。問題を個人の責任として捉えるだけでなく、家庭や学校や地域といったシステムの中で捉える経験は貴重である。要対協がそうした支援者にとって一種の研修機能を持つことについても、より意識的に取り組んでいきたいと考えている。

ところで、委員長である私は人事異動のない民間精神科病院の職員であり、所属機関が市役所との間で委員派遣を承認しているため、更新を重ね8年間も実務者会議の委員長をつづけており、既にこの会議の最古参となってしまった。そのことの是非はあるとしても、定点で長期に要対協業務に関わるためには、このような専門職委託という方法はひとつのあり方だと思う。今後は、要対協委員長としてのケースマネジメント、チームマネジメントの経験を後任に伝達することも新たな課題として意識しておきたい。

（6）業務の「重なり」を大切にした役割分担

組織的な取り組みにおいては、主担当になる機関の割り振りや業務の分掌をせざるをえない。この役割分担制は、ややもすると役割分断になってしまう場合がある。そうなると、結果的に主担当者がすべて抱え込んで疲弊してしまったり情報の流れが悪くなったりしてしまいがちである。しかし、子どもが安心して過ごせる環境の確保は、学校など単一の機関だけで実現することは難しい。場合によっては警察や家庭児童相談員の協力も必要になってくるし、緊急性の高い場合は児童相談所の協力も仰ぐ必要がある。そこで、メインの窓口は決めるとしてもその機関だけが抱え込むのではなく、複数の機関が部分的に「重なり」のある業務を分担して役割を果たせるような関係づくりを意識している。「相手に役割を押し付けず、一緒に汗をかきましょう」というメッセージは、なぜか委員会メンバーの安堵の笑みを誘うようだ。押し付けて手放すことも、押し付けられて抱え込むことも、実は互いに心理的な負担につながるのだろう。一緒にやる、自分がやれることをやる、全体の調整は話し合って一緒に決める。そうして形成された信頼関係は深く、機関相互のつながりや地域のネットワークづくりにもつながっていく。

4　精神科医療機関のスタッフが要対協にいることの意味

この要対協に関わるようになって気づいたことがある。それは、委員や事務局、家庭児童相談員等に精神科領域の知識を持つスタッフが非常に少ないということである。そのことは、何らかのトラブルが生じた際の対応の不適切さとして現れるのではないかと危惧している。たとえば、トラブルの原因が親の精神疾患と簡単に結び付けられがちであるということがある。周囲が「病状が悪いから虐待に至っているのではないか」と一方的に決めつけてしまうと、他の要因の確認や当事者の思いの確認が抜け落ちてしまう。当事者である親の訴えを十分に受け止め精査しないままに、「病気を何とかする」ことに対応の焦点が向かってしまうのである。そうなると、精神科病院への「病状を教えて欲しい」「入院させて欲しい」という一方的な依頼につながってしまう。しかし、精神科病院の立場からすると、通院患者である親とは信頼関係に基づいて治療や支援を組み立てているので、一方的な情報だけで患者の病状も確認しないまま入院を勧めるようなことはしない。地域住民や関係機関から見ると、「対応の悪い病院」となってしまうが、「安易に人権侵害をする病院」と言われることに比べれば、甘んじて受け止める他ない。このように、精神科病院と他の支援機関との間では問題対応についての温度差が出やすく、対立や葛藤関係が生じがちである。知識があれば防止できる場合もあるため、児童虐待対応機関への精神保健医療福祉専門職の配置、研修機会の充実は重要であろう。また、精神科医療機関に対しては、逆に児童福祉領域の事情や関わり方に関する具体的なガイダンスの必要性もあるだろう。

個別支援会議の協議においても、精神科病院とうまく連携ができない事例があがった場合には、精神科病院の役割、立場、精神科医の判断や精神保健福祉士の動きなどについて、なぜそのような動きになるのかを意識して解説するようにしている。精神科病院側の事情がわかると、委員や事務局職員は安心するようである。逆に病状が悪く危機介入が必要と思われる場合には、そのことを早期から念頭に置いた検討が必要になる。さらに、精神科病院と連携する際の工夫についても、たとえば精神科医にはこう表現すると伝わりやすい、病院で個別支援会議を行うと医師が参加しやすい、○○病院なら××精神保健福祉士に声をかけると話が早いなど、具体的な方法を伝えるよう心掛けている。要対協の経験を通じて、支援者が安心して動くためには領域間の垣根を越えるための、翻訳機能、仲介機能が大切であると学んだ。

5 「NPO法人 子育て応援隊いっぽ」との出会い

最後に、糸満市の子育て支援や要対協を語る上で欠かせない活動として、「NPO法人子育て応援隊いっぽ」をご紹介したい。要対協とNPO法人にどのような接点があるのかと思われるかも知れないが、このNPO法人もまた、私を要対協に招いてくれた当時の担当課長が設立に関わっている。団塊の世代にあたる、長いキャリアと実力を兼ね備えた保健師や保育士たちが糸満市から大量退職することになった時期に、その力をさらに発揮してもらおうと設立したのが「いっぽ」である。退職者有志でNPOを結成し、メンタルヘルス問題のある親を含め、養育上の困難を抱えた親子へのサポート機能を発揮する組織である。当初は保育所で気になる親子への個別支援を担うために、市から保育所にスタッフを派遣し、親との面談、子どもへのケア、家庭訪問を行っていた。現在は、養育困難家庭等支援活動事業、ほっと安心いっぽ子育て相談室（子育て相談事業）、いっぽ保育園（小規模保育事業所）、その他自主事業に取り組んでいる。

保育や地域保健のスペシャリストが相談、訪問、保育、市民啓発などを通して子育て世帯支援をしてくれることで、気になる世帯への早期のアウトリーチが可能となり、また行政や要対協との密接な連携が取れていることから、機動力と臨床力のある機関として信頼を得ている。こうした民間組織が行政とタイアップして動くことで行政だけでは行き届かないこまやかなケアと早期の情報収集が可能となる。

私も活動の一部に参画させて頂いており、こうしたアプローチは地方自治体の取るべきひとつの方向として、大きな期待を寄せている。

第Ⅱ部　生活支援から考える子ども虐待への対策

第5章 カナダ・トロントの支援者に学ぶ

白石優子（理化学研究所）

1　はじめに

2017（平成29）年、筆者は、精神保健福祉を専門とする松宮透髙先生と社会福祉を専門とする田中聡子先生とともに、カナダ・オンタリオ州トロント市における家族支援のあり方に焦点を当てた視察を行った。本稿では、現地で訪問した施設の見学や様々な支援者を対象としたインタビューから得られた論点に、文献や公的に発表されているデータ、ウェブサイトによる情報等で補完しながら、トロント市における親子の支援システムやその背景にある理念を紹介する。

この視察は、JST／RISTEX（JST：Japan Science and Technology Agency〈科学技術振興機構〉RISTEX：Research Institute of Science and Technology for Society〈社会技術研究開発センター〉）「安全な暮らしをつくる新しい公／私空間の構築」領域による委託研究事業「養育者支援によって子どもの虐待を低減するシステムの構築（黒田公美代表）」に基づいており、とくに養育者のメンタルヘルス問題にたいする多職種連携と支援者支援に焦点化している。はじめに読者に断っておきたいことは、筆者は福祉分野の専門家ではなく、カナダの文化、社会、法体系や制度等に関してもまったくの素人であるということである。筆者の専門は発達心理学であり、この研究プロジェクトの中では主に「虐待刑事事件における養育者側要因の医学・社会学的調査」及び「養育者支援プログラムの実装モデル事業」を担当した。養育者支援プログラムの実装モデル事業では、プログラム受講希望者のインテーク、一部のプログラムではセラピーを提供する親子と直接の関わりのある支援者でもある。

子ども虐待は、単一の要因から発生するものではなく、複数の困難（たとえば、家族の貧困、養育者のメンタルヘルス問題、養育者自身の不幸な生育歴、子どもの発達に関する問題、パートナーからのDV、子育て援助者の不在など）が重なって生じる複雑な問題であり、専門分野を超えて、広範囲におよぶ専門家や実践家らとの協働により、取り組むべき課題である。本章では、子ども虐待と親子の支援を包括的に捉えたいという問題意識のもと、トロント市での様々な実践やその仕組みを紹介する。

2　カナダ・トロントを取りあげる理由

（1）トロント市の概観

オンタリオ州トロント市は、オンタリオ湖の北西に位置するカナダ最大の都市である。トロント市の人口は、約３００万人（２０１７年）、面積は６３０㎢であり、東京23区の面積（６２７㎢）に、３分の１の人口（９４８万人）と言えば想像できるだろうか。カナダは移民の国として多種多様な人種、文化を受け入れてきており、国外で生まれた「移民」は、人口の半数を超える。移民の出身国は各国の情勢と関係し流動的であるが、近年は、フィリピン人が最も多く、次いで中国、インド、イラン、パキスタン、バングラディシュ、スリランカ、アメリカ、イラク、ジャマイカ等である。[1] 公用語は、英語とフランス語であるが（オンタリオ州は主に英語）、どちらも話せない人が５％程度（13万人）[2] と見積もられている。また、先住民（Aboriginal Identity）が０・８％[2]（２万３千人）を占め、公的なサービスでは多様な人種、文化、言語への配慮が常に課題

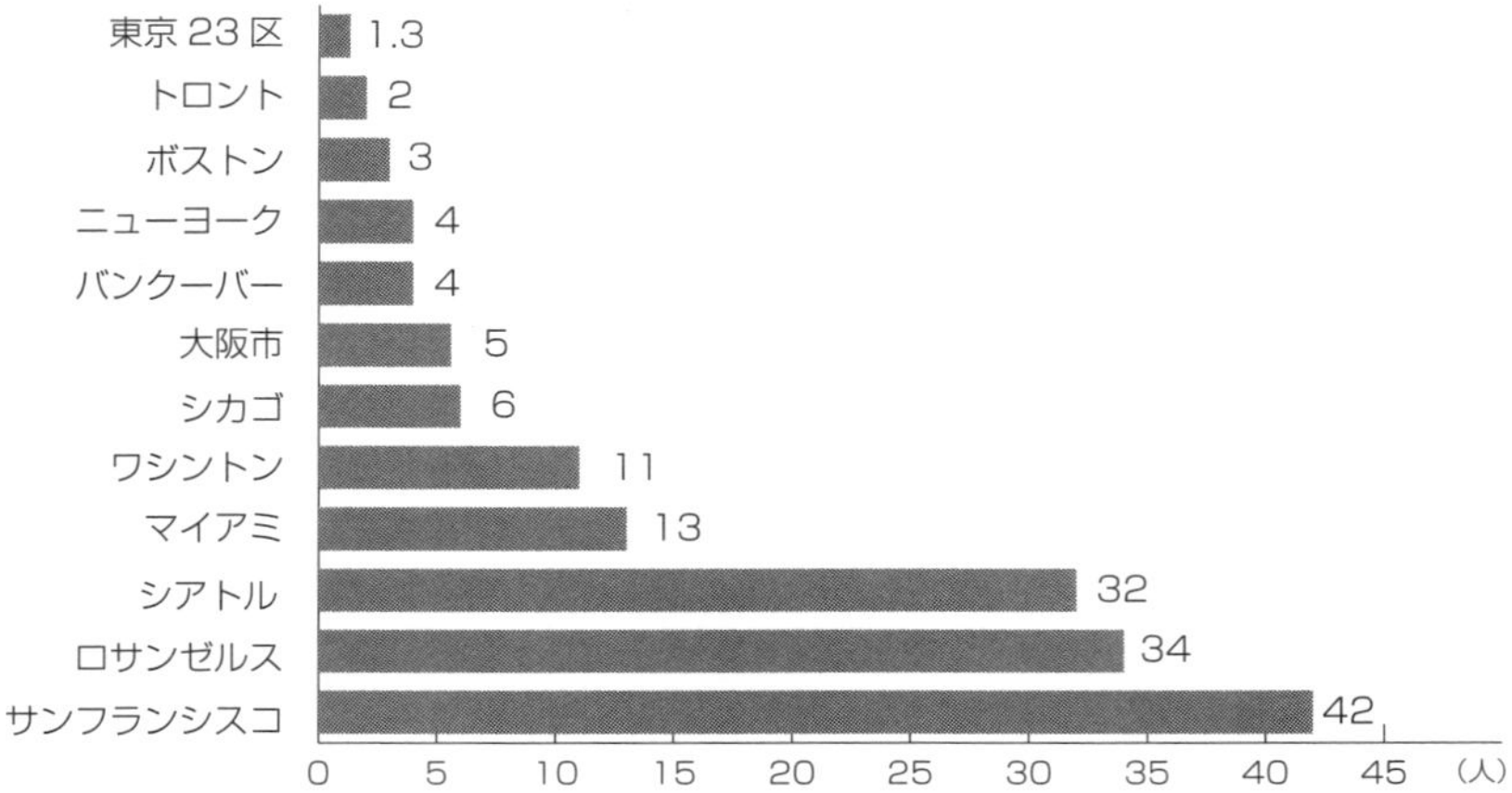

図5-1　北欧と日本の都市における路上生活者数（1万人あたり）

としてあげられる。

気候は札幌に近く四季もある。最初に訪れた２０１７年３月はまだ雪が残っており、随分寒かった。雪の残る路上では、空き缶を鳴らし小銭を求めるホームレスの姿がみられた。福祉の先進国というイメージを持ってトロントを訪問していた筆者にとって、これは衝撃的な光景だった。

２０１３年４月の調査では、トロント市の路上生活者は４４７人、市営シェルター利用者が３９７０人、ＤＶ避難女性のためのシェルター３５６人、健康と治療のための施設２３６人、更生施設２４４人と報告されている。[3] ちなみに、日本で２０１６年１月に行われたホームレスの実態調査（都市公園、河川、道路、駅舎その他の施設を故なく起居の場所として日常生活を営んでいる者を目視によって調査した）では、東京23区１３１９人、大阪市１４９７人であった。[4] 各国の調査では、ホームレスの定義や調査方法にちがいはあると思われるが、路上生活者数に限って北米の都市と比較すると、トロント市の人口にたいする路上生活者の割合はかなり低い（**図５－１**）。ストリートの角を曲がるたびに目にする路上生活者とコインの音は、筆者に強烈な印象を与えたが、数値で見るとまた異なる姿が見える。本章では、現地で見聞きしたことを中心に、できるだけエビデンスとなる資料や数値を挙げながら紹介したい。

次に、子ども虐待との関連の深い貧困、失業率、生活保護、メンタルヘルス、保育サービス等について、簡単に紹介したい。

★貧困、失業、生活保護

トロントの貧困問題は深刻である。相対的貧困率は、20・2％[2]（2016年国勢調査）、失業率も、7・2％[2]と他の先進国と比べると高い。トロントでは、とくに移民として移住してきたばかりの人、シングルマザー、貧困の中で暮らす人種グループの人々、障害のある人の貧困率がとくに高く[5]、そのような人々への手厚い支援の必要性が認識されている。2015年にトロント市は、貧困撲滅を目ざした20年間のワークプランを発表した。ワークプランには、住居、食と栄養、質の高い就労と公的扶助、公共交通、既存のサービスへのアクセシビリティの向上、組織改革という六つの柱を中心に据えた戦略的で細やかなプランが計画され、現在推進されている[5]。

オンタリオ州にはオンタリオ・ワークス（OW）と呼ばれる生活保護制度があり、州全体の利用者は、約25万世帯[6]（5％程度）である。トロント市に限定したケースロード数は入手できなかったが、オンタリオ州の中でもトロント市の貧困率、失業率は高い傾向にあるため、受給率はさらに高いことが推測される。OWの受理のハードルはそれほど高くないようであるが、受給額は貧困線に満たず（両親とふたりの子どもの場合、C＄1200程度）、さらにトロントは家賃が非常に高い（市場の平均は2ベッドルームのアパートで一ヶ月C＄2252〔約19万4325円〕）程度のため、十分な保障とは言い難い。そのため、食にかけるお金がなく、安価で高カロリーのファストフードなど炭水化物に偏った食事となり、その結果子どもの糖尿病を引き起こしている。今回の訪問先でも「フード・セキュリティ」（食の安全保障）という言葉が何度も聞かれ、非営利団体のほとんどすべてのプログラムで、軽食（無料）が提供されていた。ＯＷには、給付額が少ないという問題はあるが、給付以外にも、若い親を対象とした親自身の高校卒業を支援するプログラムや就労・就労前研修時の保育料の助成、就労に結びつける様々な研修プログラムの提供等（第６節（２）で紹介するＯＦＡは、対象プログラムを提供する非営利団体である）、様々な支援が提供されている。その他の公的扶助としては、障害者のための生活保護制度（Ontario Disability Support Program）や臨時の児童手当（Temporary Care Assistance）という経済的な援助を必要とする子どものための一時的な扶助制度がある。

（２）メンタルヘルス問題

ＭＨＣＣ（Mental Health Commission of Canada）[7]によると、「40歳までに半数の人が何らかの精神疾患を発症する」[7]と報告されており、精神疾患は一般的な疾患であることがアピールされている。その背景には、各国同様、精神疾患への偏見や差別が根強いことがうかがえる。成人の代表的な精神疾患として、気分障害（うつ病や双極性障害など）や不安障害、物質使用障害（アルコール、処方箋薬、違法薬物、タバコ等）、認知症、統合失調症があげられている。厚生労働省が発表している日本のデータ[8]と比較すると、日本では精神科受診患者全体にたいし、気分障害と不安障害が約半数を占めるが、カナダでは12％程度と相対的に低い。一方、物質使用障害は、日本では２％程度であるのにたいし、カナダでは６％程度と高い割合を占めている。昨今カナダで流行し問題視されているのは、オピオイド系鎮痛剤であり、身体疾患の治療の中で処方されたオピオイドをきっかけに依存症に発展するケースが多いと言われている。オピオイドは常習性が高く、アメリカでも同様に社会問題となっている。また違法な大麻使用も流行している。これにたいしカナダ議会は、２０１８年６月に嗜好品としての大麻使用を合法化する法案を可決した。[9]これには、合法化することによって大麻取引を公的に管理し、未成年への販売を厳しく取り締まるねらいや税収への期待があると言われている。ハーム・リダクションのように、全面的に禁止するのではなく、より安全に（害や危険をできるだけ減らし）使用するという考えに依拠した動向とも思われる。

これらメンタルヘルス問題への対応については、具体的な支援を紹介する際に、適宜触れていく。

（3）保育と幼児教育

オンタリオ州の保育と幼児教育に関する指針は、ELECT[10]（Early Learning for Every Child Today）によって示されている。ELECTの目的は、人々が人生の良いスタートを切ることであり、幼稚園だけでなく、保育所や家庭的保育、地域の家族支援プログラムや介入なども対象となる。発達段階別に応じた領域（社会性や情緒、認知、言葉、体の発達等）ごとのスキルの指標が詳細に設定されており、乳幼児に関する保育や教育のサービスはこれに基づいて計画される。

現在オンタリオ州では、就学前2年間（年中、年長）を対象とした無償の全日制幼稚園（Full-day Kindergarten）制度が導入されている。入園は任意ではあるが、早期教育による就学移行の良さ、社会性の獲得、馴染んだスタッフや友達と過ごせることなどの理由をあげ、強く推奨されている。これらの効果は、2010年から2012年に行われた690人の子どもたちを対象とした研究によって、検証されている。

幼稚園入園前の乳児から年少までの子どもたちは、保育所（Child Care Centre）や資格化された家庭的保育、無資格のホームデイケアなどを利用している。保育所は、トロント市のウェブサイトからリストが閲覧でき、そのままウェブ上で申請可能である。リストには市からの補助金の有無、クラスごとの定員、市による評価スコア（5点満点）が確認できる。この評価は厳しく、総合得点が4を上回る施設はそれほど多くない。市による保育の質に関するアセスメントを受けていない施設もリスト上にあるが、質が保証されない施設ということになる。その他に、園バスの経路、対応可能な言語（非常に幅広く、2~5言語対応可能な施設が多い)、給食に関する対応(アレルギー等)の情報も掲載されている。公的なウェブサイトから閲覧できる情報からは、非常にポジティブな印象を受けるが、保育の補助金の申請が受理されるのを待つ(申請数が予算を上回ると受理が制限される)人も少なくないそうで、日本の待機児童に似た構造がここでもみられるようだった。

(4) 子ども虐待

2014(平成26)年にカナダ国内の成人を対象に行われた社会調査を基にした家庭内暴力に関する報告書[11]から、カナダにおける子ども虐待の状況を簡単に整理したい。

そこで得られた結果の一部を以下に要約する。

・カナダに暮らす人の3分の1が15歳までに何らかの形でマルトリートメント(身体的虐待26%、親や保護者から他の大人にたいする目前DV10%、性的虐待8%)を受けた経験があった。

・子ども時代に身体的、性的虐待を経験した被害者の93%は、警察や子どもの保護サービスなどに報告していなかった。被害者の多数(67%)は、友人や家族を含めてだれにも話していなかった。

・子ども時代に身体的・性的虐待を受けた人々は、成人後に暴力の被害を2倍受けやすい傾向があった。

・子ども時代に身体的・性的虐待を受けた成人は、被害者でない人と比較して、自己申告された精神または心理的な制限が高かった(10%対4%)。さらに、身体的健康の脆弱性についても申告される傾向があった(14%対9%)。

・子ども時代に身体的・性的虐待を受けた人の違法薬物の使用は、そうでない人と比べ約2倍(10%対6%)高かった。同様に、アルコールの問題を抱える人の割合(28%対25%)もより多く報告された。

カナダ政府や研究者らは、この結果を真摯に受け止め、虐待の影響を生涯にわたる暴力の被害やメンタルヘルスの問題との関連を認めている。また子ども虐待への対策は、以前から取り組まれており、良い結果も報告されている。たとえば身体的虐待や性的虐待の問題は、歴史的には、先住民でない人々よりも先住民の人々の間で発生率の高い問題であった。事実、この調査[11]でも先住民の人々の40%が子ども時代に身体的・性的虐待を経験しており、先住民ではない人々(29%)より多かった。しかし、そのような傾向は30歳以上の人々でのみみられ、29歳以下の人々では差がないことが明らかになった。これは、ここ20~30年ほどの間に先住民の人々への支援と介入が効果的に行われてきたことを意味するものと思われる。

3 トロントの支援者の理念

(1) 健康の決定要因

我々視察チームが行ったインタビューの中で、異なる職種の支援者らが口をそろえてくり返す言葉があった。それは、「健康の決定要因」(Determinants of Health)という言葉である。

カナダ政府のウェブページ[12]によると、健康は、人生のすべての段階において、社会要因と経済要因、物理的環境と個人の行動の間で複雑な相互作用が生じ決定づけられているとされている。また、それらの要因はそれぞれ別々に存在しているのではなく、いくつもの健康の決定要因の影響が結びついて、健康の状況を決定すると考えられている。「なぜジェイソンは病院にいるの?」ではじまる15文からなる短いストーリーでは、ジェイソンの症状、症状を発症させた原因(怪我)、怪我が生じるような生活環境、またそのような生活環境がなぜ生じたかという家族の背景などについて説明し、これらの要因や条件がどのように健康のレベルを決定づけるかについて示している。

健康の決定要因は、①収入と社会的地位、②社会的支援ネットワーク、③教育とリテラシー、④雇用と労働条件、⑤社会的環境、⑥物理的環境、⑦個人の健康習慣やコーピングスキル、⑧子ども期の健康な発達、⑨生物的素質と遺伝的資質、⑩医療環境、⑪性（gender）、⑫文化の12項目であり、これらは数々の研究から得たエビデンスに基づくものであるという。

そして、これらの要因にたいして求められるアクションとして、問題を生じさせる根源への焦点化、問題を予防するための努力、特別なニーズやマイノリティを考慮した社会全体の健康状態の向上、機関や分野を超えた協働、複雑な問題への柔軟で多次元的な解決策の発見、公的機関の関与と住民の参加等の指針が示されている。

インタビューで語られた内容を振り返っても、健康の決定要因は、クライエントの問題を多面的に見ることを助けているように感じた。表面的に見えている問題（たとえば、貧困、ホームレス、薬物依存等）だけに焦点を当てるのではなく、その個人を包括的に捉え、個人にその責任を負わせるのではなく、社会のどのような問題がその人に苦しみをもたらしているか、そして社会がどのように関わることができるのか、ということに注目する視点を提供している。さらに、その枠組みを支援者らが共有しているという前提は、チームでの取り組みを円滑にしているとも考えられる。

（2）オンタリオ人権法

オンタリオ人権法（Ontario Human Rights Code）もまた、トロントの支援者を支える理念のひとつであるだろう。

ユニバーシティセツルメント（歴史ある非営利団体）でアフタースクールプログラム（学童保育）のワーカーとして働いているキースさん（活動ネーム）は、ブッククラブという社会問題を討議するプログラムを実践している。ブッククラブでは、学童期の子どもたちが関心を寄せる社会問題（たとえば、カナダの先住民の歴史、フード・セキュリティ、LGBT等）について、マンガや小説の一節をもちいてディスカッションする取り組みである。筆者は、キースさんから子どもたちの様子を聞き、このような取り組みが日本にも広がればと思ったが、同時に実践の難しさも頭をよぎった。たとえば、自由な意見を述べられるということは、ファシリテーターが予期しない発言、偏った考えや差別的な発言等も生じる可能性があり、対処に困ることはないのか。あるいは、様々な社会問題に関して子どもがディスカッションを行うことを嫌う保護者はいないのか。このような懸念をキースさんに話したところ、少々意外な答えが返ってきた。カリキュラムを上司と相談しているし、ファシリテーターとしての経験もある。自由参加のプログラムであるからあまり心配していないということだった。さらにキースさんは、「もし親が反対したとしても、オンタリオ人権法に基づいて行っているという確証があるので、この取り組みは法律に守られている」とも説明してくれた。

オンタリオ人権法[13]は、1962年に制定されたオンタリオ州法である。差別を禁止する14の分野と五つの領域が定められている。14の分野には、年齢や人種、信仰、障害、婚姻の状況や性自認、性的指向などが挙げられている。五つの領域とは、住まいや雇用のような差別を防止する具体的な場面や状況である。日本では差別を防止する法的な取り組みが遅れていること、支援者がなにかに守られるという感覚を抱きにくい環境があるのではないかと感じた。トロントで出会った様々な職種の支援者の方たちは、みな自信に満ち溢れ、堂々とし、とても積極的であった。職務として行うサービスであったとしても、法的な根拠が明確で、それが広く共有されていることが支援者を力づけているのではないかと感じた。

4 CAS

(1) CASトロントの概要

CAS(Children's Aid Society)は、虐待やネグレクトの予防、虐待やネグレクトを受けた子どもの保護、子どもや若者への安全と養育的なケアの提供、子どもたちや若者、家族、そしてコミュニティのニーズを満たすためのアドボカシーを行う機関であり、日本の児童相談所における養護相談(虐待、養育困難、里親等)に相当する。CASはオンタリオ州の子どもと若者に関する事業を担う省(Ministry of Children and Youth Services)の認可を受けているが、独立した非営利団体として運営されている(**図5－2**)。オンタリオ州には、47のCASがあり、それぞれの地域によって宗教や文化に配慮したCASがある。トロント市内には、カトリック教徒の家族を対象としたカトリックCASトロント、ユダヤ教徒の家族を対象としたユダヤCASトロント、原住民家族を対象としたネイティブCASトロント、そして今回視察チームが訪問したCASトロントの4種類がある。CASトロントは、本部の他に、北部とスカボロ地域に2ヶ所の支部を持っている。スカボロ地域で黒人の父親を対象にしたプログラムを行うUJIMA・HOUSEでは、スタッフも黒人を採用するなどの人員配置にも文化や人種への配慮がなされていた。子育てや親子関係、家族というものが、宗教や文化を色濃く反映する人の営みで

図5-2　CASトロント本部

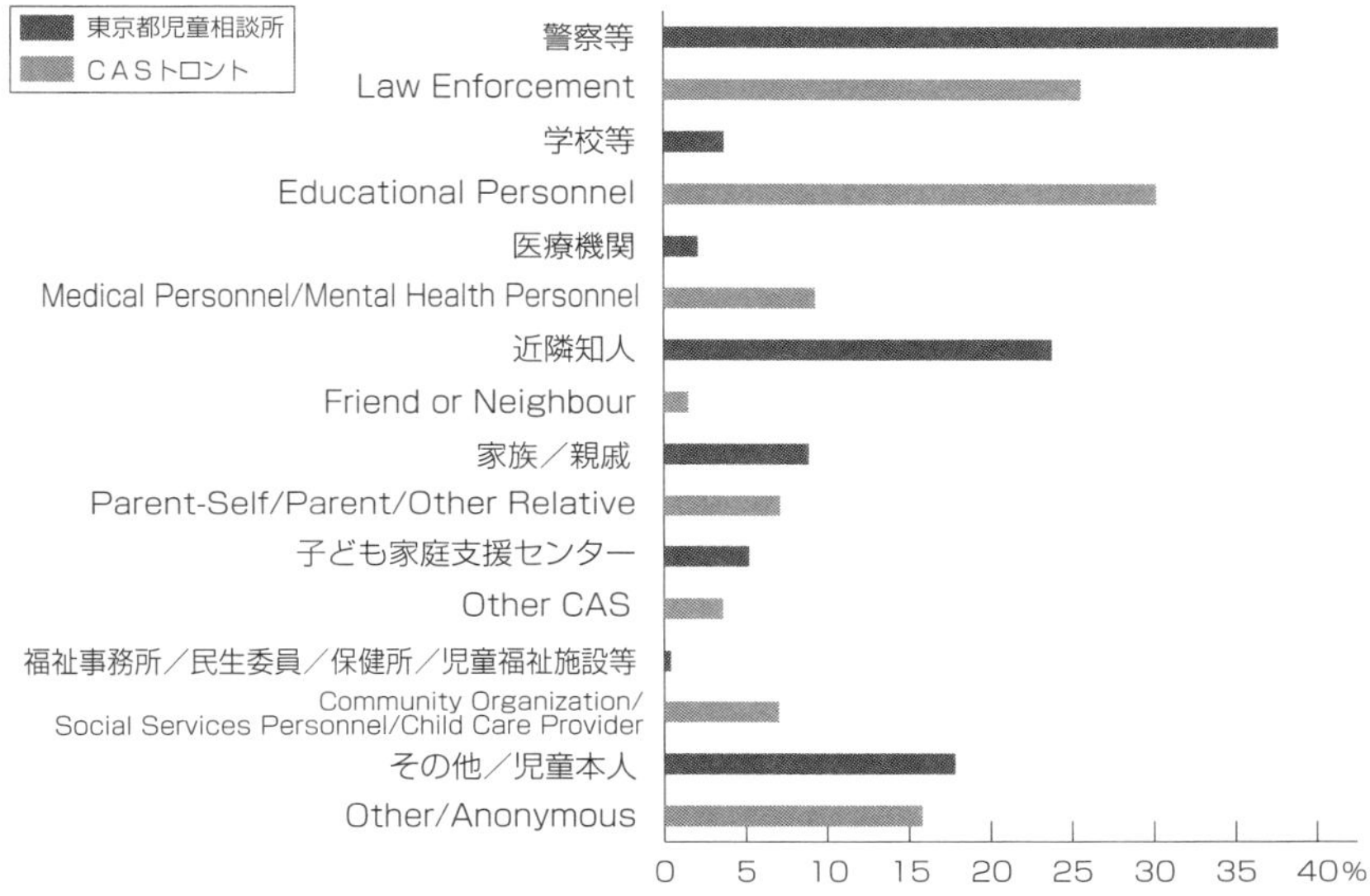

図 5-3　東京都児童相談所と CAS トロントの相談経路［(14)(15) を元に著者作成］

あるという理解があると感じた。

ＣＡＳトロントの年度報告書(14)によると、一年間（２０１６年－２０１７年）の対応件数は、１万４２３６件である。そのうち、８０６０件が調査完了したケースであり、２５０７件がサービスを継続しているケースである。東京都の児童相談所（11ヶ所）での虐待相談受理件数は、１万２９３４件(15)（平成28年度）なので、ＣＡＳトロント（２支部を含める）の対応規模は、東京都11ヶ所すべての児童相談所を合わせた規模と同程度である。虐待通告の電話は、日本と同様に24時間週７日受け付けられている。通告の経路は、教育機関の職員（Educational Personnel）が30％、法執行機関（警察 Law Enforcement）26％、次いで医療機関（Medical Personnel/Mental Health Personnel）７％である。平成28年度の東京都児童相談所による経路別件数(15)は、警察等が最も多く37・7％を占めているので、警察による通告の割合の高さは、類似した傾向にあると言える。しかし、トロントで最も多い教育機関は、東京都では

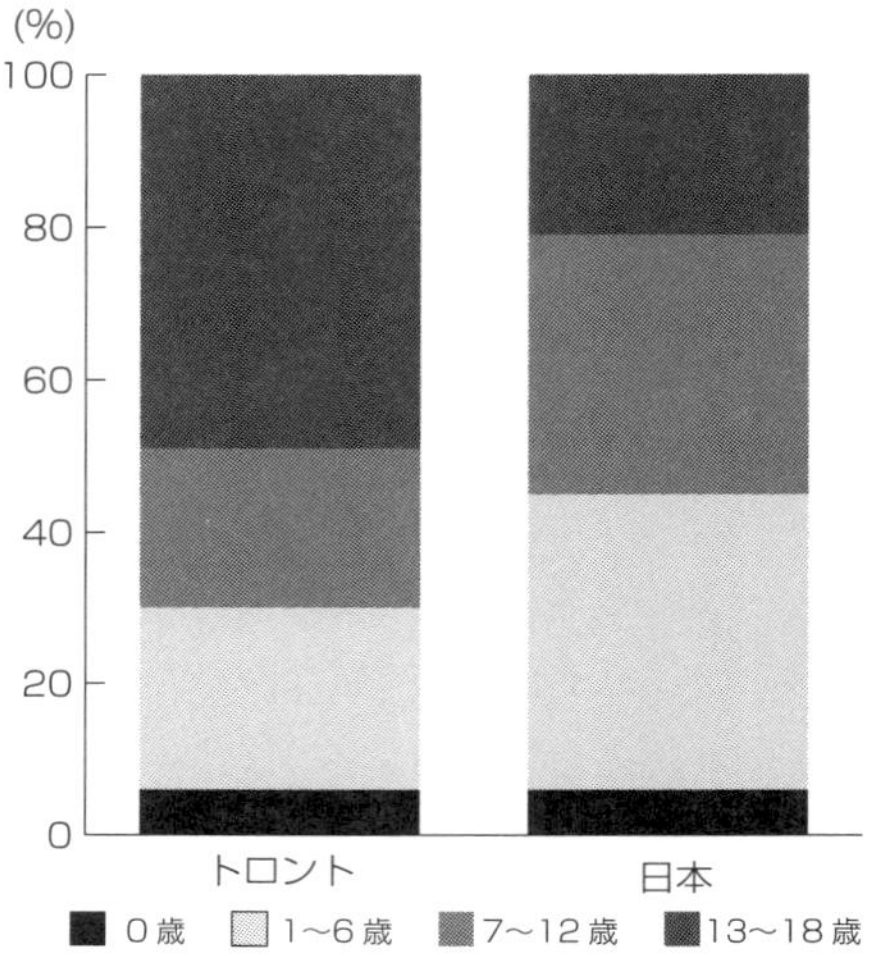

図5-4　被虐待児童の年齢
［(14)(18) を元に筆者作成］

わずか3・7%、3番目に多い医療機関も2・1%程度と、相対的に少ない（前頁、**図5－3**）。オンタリオ州では、医療や教育、福祉的サービスを提供する専門職や公的機関の職員は、虐待通告の特別な義務を持つとされており、それらの人々が虐待の通告を怠るとC$5000以下の罰金が科せられる。[16]日本にも虐待通告の義務はあるが、その義務を遂行するための教育や法整備には課題があると言えるかも知れない。

　虐待を受けた子どもの年齢についても、日本とトロントでは異なる傾向がみられた。両者共通して0歳は6%程度を占めるが、日本が幼児期、児童期の占める割合が高いのにたいし、トロントは13歳以降の子どもの割合が高い（**図5－4**）。トロントでは、年齢の高い子どもたちの保護や支援の必要性が認識されはじめ、2018年に正式に、CASによる保護の対象が16歳から18歳に引き上げられている。[17]日本においては、死亡などの重篤な結果に結びつきやすい幼少期に注目されがちで、思春期以降の子どもたちへの対応が十分にできていないのではないかと懸念された。

　次に、二者の違いが明確にわかるのは司法による介入の例である。日本では、児童福祉法28条による措置は全国で年間237件[19]（平成28年度）、親権停止審判は40件[19]（平成28年度）しかない。つまり、児童相談所による親子の分離や再統合などほとんどの措置について日本では家庭裁判所が関与していないのである。一方トロントでは、対応後の措置の65%が親や保護者との再統合であるが、そのうち45%は裁判所命令によるものである。
以上のような背景を踏まえたところで、インタビューで語られたCASの取り組みについて紹介する。

(2) CASワーカーの役割

家族と直接関わるワーカーには、相談の受理から45日までを担当するインテークワーカーとその後の家族との関わりを継続するファミリーサービス・ワーカーがいる。3ヶ月くらいでケースが終了される場合もあれば、3年以上関わりをつづけるケースもあるという。DV、メンタルヘルス問題、性的虐待、依存症等、複雑な問題を抱えた家族にたいして、それぞれに合った対応が求められる複雑でタフな仕事である。日本の児童相談所のように行政職でないため、この仕事を自ら希望していない人が勤めることはない。トロントの優良企業を公開するトップ100[20] (Greater Toronto's Top Employers 100) に選ばれるほど、待遇も良く人気の職業である。

CASトロントには、60人のファミリーサービス・ワーカーがいるが、ひとりのワーカーが担当するケースは、約15、16ケースである。家族と面談する回数は、法律で30日に一回以上と決められているが、家族のニーズによっては月に2~8回程度会うこともあるという。親子の分離が必要な場合には、チャイルド・アンド・ファミリーサービスという法律の基準に則って判断されるが、昨今ではなるべく分離しない方針があり、分離が必要な場合でもできるだけ親戚や子どもをよく知る友人等に預かってもらうそうである。

ワーカー6~8人にたいして、ひとりのスーパーバイザーが指導担当として就き、さらに、部署全体を管理するマネージャーが配置されている。マネージャーを含め、組織の職員は、家族と直接関わるフロントライン・ワーカーからはじめ、経験を積んで昇進するため、実際の家族や職務についてよく理解していると話されていた。

家族への具体的なサービスとしては、家族のニーズに合った様々なプログラムを紹介することが多い。ほとんどの養育者は、任意で参加しているが、裁判所命令で参加が義務付けられている家族もいる。そのような場合でも、なぜそれを受講するのかを本人がよく理解し、家族の目標を明確化することが支援の成功のポイントであると語られた。次に、多様なプログラムの中でも先駆的なプログラムであるケアリング・ダッドとヘルシー・ファミリーズ・プログラムについて紹介する。

(3) ケアリング・ダッド

ケアリング・ダッド (Caring Dad) は、カナダで開発された子どもや子どもの母親に暴力をふるう父親を対象としたグループプログラムで、自身の感情調整や子どもとの関わり方をテーマに、ロールプレイなどを通して学ぶ。毎週一回2時間のセッションが全16回で構成され、10~15人程度のグループで行われている。CASトロントでは5年前から導入され、現在市内では3ヶ所（CASトロント、東エリア：パートナーシップを結んだトリートメント・センター、西エリア：パートナーシップを結んだ黒人の父親団体）で提供されている。

このようなプログラムを導入した背景には、パートナーへの暴力がある場合には、子どもにたいする「虐待リスク」が高いことや子どもに直接の危害が加えられない場合でも、パートナーへのDVを子どもが目撃することによる長期的な悪影響が危惧されることがある。長年CASでは、暴力をふるう父親から母子を離して支援する方法が取られてきたが、近年、父親自身の問題も含めた家族全体への支援へと、支援のあり方が変わってきた。

参加する男性たちには、OW受給者やシェルターに入所し、収入がない人もいれば、富裕層もいる。年齢も幅広く、17歳から50代の参加者がいるということだった。同時に、参加者の子どもの年齢も様々である。ドロップアウト率は、25%から30%程度と比較的高い。このプログラムでは、グループダイナミクスを非常に重視しているそうで、プログラムに参加しつづけるためにはスタッフとの関係性も重要ではあるが、他の父親によって影響を受けることが多いとファシリテーターのフィルさんは話してくれた。たとえば、19歳の参加者が、他の参加者にたいして、「あなたは僕の父親がしていたこととても似た対応をしている。僕はそれがとても嫌だった」と語った。そのような語りが、10代の非行に悩んでいる年長の父親の心に響くということがあるという。

毎回のセッションでは、ピザやコーヒーなどが用意され、食べたりタバコを吸ったりしている休憩時間に、個人的な関係に発展することもある。「それが良い結果を生むこともあれば、悪い結果を生むこともあるが、それはコントロールできる部分ではないので」とフィルさんは苦笑いされていた。

プログラムの期間中に母親に対応する専門のスタッフもいて、母子の安全・安心、住居の確保などに関する支援がつづけられている。

（4）ヘルシー・ファミリーズ・プログラム

ヘルシー・ファミリーズ・プログラム（Healthy Families Program）は、２０１４年に開始されたメンタルヘルスに問題を抱える養育者を対象としたサービスで、ＣＡＳとＣＭＨＡ（Canadian Mental Health Association）の協働で支援が行われる仕組みである。ＣＭＨＡとは、メンタルヘルスに関する歴史ある非営利団体で、カナダ全土のコミュニティでサービスを提供している。

筆者は、このプログラムの創案者であるブラウンさんとフランツさん、ＣＭＨＡスタッフの方々からお話を聞くことができた。このプログラムの背景には、ＣＡＳが介入するケースの養育者にメンタルヘルスの問題を抱えている人が多いこと（43％）、スタッフの中にはそのような問題を抱える養育者との対応に困難を感じている人が少なくないことがある。これらの問題を認識したブラウンさんらは、健康省にその状況を訴え交渉し財源を獲得し、ＣＭＨＡとの共同プログラムの開発に着手した。

ＣＡＳがサービスを提供している家族のうち、メンタルヘルスに問題を抱えている（あるいは、それが疑われる）養育者にたいして、プログラムを紹介し、ＣＡＳとは異なる団体であるＣＭＨＡによる任意のサービスであることを伝え、家族が希望する場合には同意を得て開始される。ＣＭＨＡから出向しているスタッフは現在４人で、それぞれ看護師、作業療法士、ソーシャルワーカーの資格を持つ専門職である。ＣＡＳトロントの施設内に常駐しているので、頻繁に情報共有が可能である。同じ施設内で協働する一方で、それぞれに異なるアセスメントの方法があり、養育者との関係性の築き方もちがっている。さらに依拠する法律、使用するデータベースも異なり、スーパーバイズも別々に行われている。このプログラムでは、ふたつの団体の異なる役割を明確にし、互いを尊重するための同意書（agreement）に基づいて協働している。このプログラムを開始するにあたり、まずはじめたのがこの同意書の作成だったそうである。

これまでは、メンタルヘルスの問題を抱える養育者には、精神科受診を勧めることが多かったが、受診まで数ヶ月待つ必要があり、すぐに専門的な治療や支援が受けられなかった。さらに、精神科を受診したケースでも、クライエントが養育可能かどうかを精神科医が判断することは非常に難しく、支援に有益なアセスメントが提供されていなかった。また、入院したクライエントをＣＡＳに知らせずに退院させるなど、病院側はＣＡＳに協力的とは限らなかった。ヘルシー・ファミリーズ・プログラムでは、ＣＭＨＡのスタッフは、迅速に家族に会うことができ（平均８日）[14]、家族の希望があれば家庭訪問も可能である。ＣＡＳのクライエントとなる養育者は、深刻な精神病を抱えた人というより、人生の難しい時期に入ったときに何らかのストレスを抱え、症状が現れている状態と捉えており、メンタルヘルスの問題だけでなく、社会的な問題として捉えると話されていた。このようなバイオ・サイコ・ソーシャルモデルや健康を決定する社会的要因等の考え方に基づいたニーズ・ベースド・アセスメントは、家族の生活全体の支援プランに有効であるとＣＭＨＡは考えている。

CASが介入する家族は一般に、子どもを取られるのではないかという強い恐怖心がある。養育能力がないとみなされたくないため、メンタルヘルスの問題を語ることを避けたり、攻撃的な態度を取ることが少なくない。子どもの保護を第一に考えるCASとは異なり、CMHAの立場は、家族の生活全体の満足や充実という支援目標を持っているので、養育者自身が支援を受け入れやすいということだった。

家族と直接関わるサービスの他には、CASスタッフへのコンサルテーションが行われている。メンタルヘルスに関する知識の少ないCASスタッフにとって、家族に起こっていることを説明できるCMHAスタッフの専門性は、非常に有益であるという。特に養育者が持ちやすい恐怖感をどのように取り除いていくかは、ひとつの大きなテーマであるようだった。

このプログラムを提供したクライエントは、3年間で260人[14]に上る。このプログラムの成果[14]として、プログラム参加後に予防や初期介入の医療・保健サービス提供者（コミュニティヘルスセンター等）につながる人が増えたこと、救急医療の受診率が低下したことが挙げられている。まだはじまったばかりのプログラムではあるが、スタッフの間には強い期待が感じられた。

5 リージェントパーク・コミュニティヘルスセンター

(1) オンタリオ州におけるコミュニティヘルスセンターの役割

コミュニティヘルスセンターとは、個人や家族、コミュニティを対象とした初期的な健康の問題と健康増進のための非営利団体であり、トロント市内に28ヶ所設置されている。具体的には、①DVの予防や治療のための様々なカウンセリングプログラム（依存症に関するカウンセリングやアンガー・マネジメント等）、②養育者のための教育プログラム（健康的な子どもの発達を促進させる個人やグループのプログラム）、③ドロップイン（予約不要の親子の遊び場）、④人種差別への反対を構想し、寛容性、文化多様性、マイノリティグループの受け入れを促すプログラム、⑤体重やボディイメージの問題、仲間との関係性、健康的な性に関する教育やカウンセリング、グループプログラム、⑥10代の母親のためのプログラム等のサービスを提供することが求められる。また簡易診療所や簡易歯科としての役割も大きい。各地域のニーズに沿った事業計画を立案し、それに基づいて運営されている。

（2）リージェントパーク・コミュニティヘルスセンター

リージェントパークは、ダウンタウンの東に位置する貧困地域（相対的貧困率が40％以上[21]）である。現在は開発が進められ、建設されたばかりの市民プールやカルチャーセンターがあり、スラム街のような危険な雰囲気は感じられないが、潜在的な福祉的ニーズは非常に高い。たとえば常設の炊き出し施設があり、毎日ランチの提供が行われている。数年前にはトロント・バースセンター（助産院）がこの地域に建設され、自宅出産などリスクの高い出産から、母子の安全を守っている。どの施設も、広いエントランスやガラス張りの壁等、とても開放的な造りで、外から中の様子がわずかに見えるようにできていた。はじめて利用する人でも、安心して訪問できる配慮だろうと感じた。

リージェントパーク・コミュニティヘルスセンター（Regent Park Community Health Centre）には、保健センター、教育に関するプログラム（Pathways to Education）、糖尿病教育プログラム、言語のサポート（ソマリ語、中国語（Mandarin/Cantonese）、ベトナム語）、そして視察チームが訪問した妊娠期から6歳までの子どものいる親のための部門（Parents for Better Beginnings）がある。五つの部門を合わせて150人ほどのスタッフが働いている。

（3）妊娠期から6歳までの子どものいる親のための部門

この部門（Parents for Better Beginnings）は、教育省と健康省から財源を得て、妊娠期の母親と6歳までの子どものいる家族のための様々なサービスを提供している。視察チームの訪問をあたたかく迎えてくれたのは、この部署のディレクターであるニュリーさんとソーシャルワーカー、ファミリー・カウンセラー、アドボケーター（権利を示す、制度の使い方を教え導く）等を専門とするスタッフの方々であった。トロントでも先駆的な支援のスポットとして注目されており、二度目の訪問時（２０１７年９月）には、ＣＡＳから派遣されたソーシャルワーカーとも会うことができた。

現在ここで提供されているサービスは、ストレス・マネジメントやウェルビーイングなどについて学ぶ妊産婦プログラム、ドロップイン（予約不要の親子の遊び場）、そして多様なワークショップ（栄養プログラムやノーバディズ・パーフェクトなどの子育てプログラム等）である。コミュニティの「ハブ（サービスの拠点）」としての役割を果たしており、トロント市の様々な機関、専門職との協力体制が構築されていた。たとえばワークショップの開催は、トロント市との共同事業として行われるものもあり、ファシリテーターのトレーニングに助成金が出ることもあるという。また、トロント市内にある北米最大の小児病院シックキッズとの共同事業にも取り組まれている。シックキッズが開発したＡＳＱ（Ages Stages Question）という養育者自身が子どもの発達を評価するアセスメントシートを活用し、結果が示す子どもの支援ニーズによって、コミュニティのサービスにつなげるシステム開発に取り組んでいる最中ということだった。

家族は、ドロップインを利用することによって、このセンターとつながることが多い。それをきっかけに、妊産婦プログラムやワークショップ、さらに発達相談やカウンセリングなど、ニーズに合った支援につなげる。メンタルヘルスに問題を抱える養育者には、カウンセリングを勧めることもあるが、カウンセリングの中で、ビザのない移民だったり住居に問題があったりなど、生活上の問題が明らかになることも少なくない。そのような場合には、ソーシャルワーカーや専門の知識のあるスタッフが対応し、役所での手続きなども含め、援助するということだった。

メンタルヘルスの治療が必要な場合には、精神科医の受診、治療を勧めることもあるが、紹介して終わりではなく、精神科医療とチームを組んで支援するという。行動コンサルタント（心理カウンセラー）という専門職があり、困難を抱えている養育者にはトラウマや被虐待等を過去に受けていた歴史があるので、そのような過去の話を聞きながら、これからの生活を考えていく支援を行っているそうである。

また、困難を抱える人ほど、自ら支援を求めない傾向があるため、アウトリーチにも力を入れており、保育所や学校、職業案内所等の訪問やチラシでの情報提供を行っている。コミュニティヘルスセンターへの信頼は厚く、市役所等の公的機関やＣＡＳから紹介されて来所される人も少なくない。また、このセンターから別の組織のサービスを紹介することもあり、双方向の連携体制があるということだった。

6　民間団体

ここまでに紹介したＣＡＳやコミュニティヘルスセンターは非営利団体ではあるが、公共性の高い組織である。トロントには、そのような組織以外にも、公共機関と連携して福祉的なサービスを提供する民間団体が数多くある。コミュニティに根ざした比較的小規模な団体として、視察チームが訪問したアップルグローブ・コミュニティ・コンプレックスとＯＦＡの二つを紹介する。

(1) アップルグローブ・コミュニティ・コンプレックス

アップルグローブ・コミュニティ・コンプレックス（Applegrove Community Complex）は、1979年に設立された非営利団体で、公立小学校の一角を借りて運営しているコミュニティハブである（**図5-5**）。学校とは独立した非営利団体ではあるが、トロント市が提供する公的サービス（図書館や保健所など）の一部の役割も担っている。インタビューに協力してくださったディレクターのスーザンさんによると、このような市からの委託事業を担う非営利団体は、トロント市内に10ヶ所ほどあり、オンタリオ州内でもユニークな取り組みではないかと話してくれた。また、小学校の内部という立地は、公共性が高く、だれでも知っているのでアクセスしやすいことや子どもの学校への移行をスムーズにするなどのメリットがあると話されていた。

図 5-5　小学校の校舎の一部に設置されているアップルグローブ・コミュニティ・コンプレックス

アップルグローブでは、乳幼児のいる家庭（妊娠期も含む）、学齢期の子ども、高齢者の3層に向けたサービスが展開されている。それらのサービスは、基本的にすべて無料で提供されている。利用者は、保健所やクリニック、コミュニティヘルスセンターから紹介されて来る人、自身でフェイスブックや看板を見て自主的に来る人など様々である。32人のスタッフが在籍し、ソーシャルワーカー、助産師、栄養士、幼児教育の専門家など多職種チームで対応している。

乳幼児のいる家庭を対象としたサービスとしては、妊産婦プログラム、ドロップイン（親子の遊び場）、セラピューティックプレイ等を提供している。

毎週月曜の午前に行われている妊産婦プログラムは、参加すると、10ドルのギフトカード（ロブローズという大手のスーパーで使用できる）、TTC（公共交通の交通費）の利用券、紙おむつが支給される。これらのサービスに魅力を感じて来る人が多いので、必然的に低所得者の占める割合が高いという。保健所から派遣された保健師による授乳相談などが行われるが、スタッフは妊産婦の孤立や産後うつがないかなどにとくに気を配って関わっているということであった。メンタルヘルスの問題は、本人が認めたくないことも少なくないので、日々の何気ない関わりから信頼関係を構築していくことが重要であると語られていた。また、メンタルヘルスに問題があるとわかった場合には、コミュニティヘルスセンターのソーシャルワーカーを紹介するそうである。

ドロップインは、6歳までの子どもと親、もしくは親以外の養育者（家庭保育所やナニーも含まれる）が利用できる。視察チームの訪問時にも多くの親子が集まって、それぞれにくつろいで遊んでいた。中には男性の姿もみられたが、スーザンさんによると開所当初から、父親の参加も比較的多かったそうである。スタッフが子どもとの関わり方を見せることも重視しており、子育てスキルを学ぶワークショップなどよりも、養育者自身が観察して、自然に学ぶ方が効果があるのではないかと話されていた。

アップルグローブ独自のプログラムとしては、遊びを通したグループ療法（セラピューティックプレイ）がある。3歳から6歳の子どもを対象にした8週間のプログラムで、発達障害などの特別な支援が必要な子どもに提供され、暴力的な行動の改善や感情調整に焦点が当てられている。親は、オプションで個別に相談することも可能である。他のサービスを利用している中で、スタッフが気になった家族にプログラムを紹介しているということだった。

（2）女性の就労と生活の支援——民間団体ＯＦＡ

ＯＦＡ（Opportunity for Advancement）は、ダウンタウンの西側に位置する非営利団体であり、社会的経済的に困難な状況にある女性の支援に取り組んでいる。公的機関からの委託金などによって運営され、40年以上の歴史があり、ソーシャルワーク等を専門とする12人のスタッフが働いている小規模の団体である。OFAのエントランスはアットホームな雰囲気で、気さくなスタッフの方たちが迎えてくれた。視察チームは、エグゼクティブディレクターのジョアンさんにお話をうかがった。

OFAの利用者のほとんどは、子どもがいる女性である。そしてその多くは、何らかのトラウマ、または精神疾患（摂食障害〈拒食／過食〉、抑うつ、大うつ病、双極性障害、統合失調症）を抱えている。

OFAでは、主に就労支援に関するプログラムを提供しており、これらの受講者は、OW受給者で、ケースワーカーからの紹介による。プログラムでは、自分の強みを見つけ、自尊心を高めることやアサーティブな表現のトレーニング、目標を設定するなど、心理教育的な色合いが強い。義務教育卒業程度の低い学歴の人が多く、さらに貧困、トラウマなど複数の問題を抱えているので、プログラムが修了しても、すぐに就労に結びつくわけではない。プログラムを継続的に受講していればOWが打ち切られることはないため、つづけられる仕事に就くためにも、時間をかけて準備をしていくのが良いと語られていた。

就労支援以外には、暴力を経験した女性（女性と自認する人も含む）を対象とした「シェイプ・ユア・ライフ」という非常にユニークなボクシングプログラムがある。2007年にはじめられたこのプログラムの参加者は計1600人に上り、現在では20以上のスポンサーが参画している。2013年にはドキュメンタリー映画『アウトサイド・ザ・リング（Outside the Ring）』が公開されたり、ジャカルタやオーストラリアでも導入され、世界から注目されているプログラムである。ボクササイズとは異なり、テーピングをした上にグローブを装着する本格的なボクシングのスタイルであるが、人に向けてパンチを出すことはしない。トラウマ・インフォームド・アプローチに基づくこのプログラムでは、自分の体を使うことによって「女性たちは自分の体のオーナーシップを取り戻す」とジョアンさんは語っていた。いまでは、家庭内暴力で警察が介入した際に、このプログラムが紹介されることもあるそうである。

ＯＦＡで提供されるプログラムはすべて無料で受講でき、さらに軽食やＴＴＣの利用券が提供されている。支援の基本は、グループ・プログラムであるが、個人の困難を包括的に支援している。たとえば、暴力を受けている女性にたいしてシェルターの提供や引っ越し、障害者用の生活保護（ＯＤＳＰ）の申請、犯罪歴リストから名前を削除する申請（オンタリオ州では、軽微な犯罪で、ある程度の期間が経過している場合、申請をすれば名前を削除することができる。リストから名前が消されることで、就労しやすくなる）などの援助を幅広く行っている。これらの支援は、プログラム修了後にも継続して行われている。

心理的な援助が必要な場合には、リレーショナル・セラピーやＣＢＴを用いたカウンセリングが行われるが、「治療」や長期的なカウンセリングは行わないことにしている。そのような支援が必要とされる場合は、コミュニティヘルスセンターやＭＳＷ（ソーシャルワーク修士）等が開業しているカウンセリングルームに紹介することもある。

複雑な問題を抱える利用者への支援は、スタッフの負担も軽くない。中には、利用者と近い経験を持つスタッフもいる。ジョアンさんは、「二次的なトラウマ」を体験させないよう、スタッフのメンタルヘルスに配慮していると話されていた。たとえば、週一回のスーパーバイズや外部のトレーニングの推奨、スーパーバイザーの養成、トレーニングデーと呼ばれるトレーニングを行う日の設定等である。さらに、福利厚生の充実が有効であると考えており、その中には、マッサージやカウンセリングに使えるものもある。最近新たにはじめられたのは、「シックデー」と呼ばれる、病気になった際の有給休暇を「セルフ・プロモーション・デー」と言い換えることである。これによって、体調不良時に休暇をとることの概念を変革したと話されていた。

7　トロントにおける養育者支援の要素はなにか

本章では、筆者がトロントで出会った様々な支援者と支援の場を紹介してきた。これはトロントで行われている実践のごく一部にすぎないが、これからの日本の養育者支援へのヒントになる視点が幾つもあるのではないだろうか。これまで紹介した多様な支援の要素を整理し、結びとしたい。

(1) まず無料、さらにクーポン

子育て世帯を対象としたサービスは、基本的にどれも無料で提供されていた。さらに、交通費の助成（数百円程度）を受けられ、おやつやお茶が提供される。アップルグローブの妊産婦プログラムでは、さらに10ドルのクーポンや紙おむつまでもらえるのである。困っている養育者を助けたいと思っても、そのような人たちは、困っている状態に気づいていないか、援助を求めるのが上手ではないことが多い。そのような人たちの手にも届く支援の形なのだろう。子育てや生活に疲れ、たどり着いた場所で、暖かい飲み物やおやつを出されれば、利用者は「歓迎されている」と感じることができるのではないだろうか。

(2) プログラムの提供を基本とした支援

CASやコミュニティヘルスセンター、民間団体においても、サービスの中心にプログラムがあった。プログラムは、ケアリング・ダッドやセラピューティックプレイのような心理教育や心理療法を土台としたものもあれば、ヘルシー・ファミリーズ・プログラムのように支援提供の仕組みを呼ぶこともある。どちらにしても、対象者の基準や支援の手順、要配慮事項等を示したプロトコールやフローがあり、構造化された

サービスと言える。また、プログラムは一般に、サービスを提供する個人の力量に依存するのではなく、できるだけ同質のサービスを提供できるようトレーニングされることが多い。実践者にとって、プログラムは、それぞれの段階で多くのクライエントに生じる変化を予測しやすいことや、提供後の評価の基準がわかりやすいため、効果的に効率よく支援を提供できるツールである。また、クライエント自身も目標や見通しを持って参加できるという利点があると思われる。

また、プログラムごとに予算の支出源が様々で、州や市からの委託や助成、ユナイテッド・ウェイ（募金団体）からの寄付によるものも行われていた。既に日本でも類似の取り組みはあるが、施設のサービス全体ではなく、プログラムごとに予算が配分されることで、支出機関との協働体制がつくられること、プログラム単位での評価が重視され、ニーズに合った支援に調整されやすいことなど、メリットがあるように思われる。

（3）スペシャルな支援とジェネラルな支援

トロントでは、MSWと呼ばれるソーシャルワークの修士号が、日本と比べると一般的であるようだった。CASでは、MSWを必須の資格とはしていないものの、近年MSWが増えているそうである。民間団体でも、ディレクターなどはMSWであることが珍しくない。日本では、圧倒的に学部卒のソーシャルワーカーが多くを占めることを考えると、専門性の高さにちがいがあると思われる。さらに、MSWは心理的なサービスの提供者でもあり、MSWが開業したカウンセリンググルームは、保険適用が可能である。MSWとは別に心理職もあるが、それぞれの専門職が重複した領域のサービスを提供している。

一方で、民間団体の中には、高卒や専門学校卒のスタッフも活躍されていて、必ずしもすべてのスタッフの学歴が高いわけではなかった。「いろんな側面から、普通の人が普通にサポートすることが大事だと思っている」とアップルグローブのスーザンさんは語っていた。OFAで行われている生活全体の支援は、同じ地域に生活する仲間へのひとりの生活者としての支援のように感じた。

支援職の待遇もまた、様々である。CASは給与も比較的良く、人気の職業である。一方、小規模な民間団体では、ディレクターも含めてすべてのスタッフが非常勤であるところもあり、不満の声も聞かれた。予算の削減や寄付金の減少など、厳しい運営状態があり、スタッフの入れ替わりが激しい団体もある。日本は、これまで行政によるサービスが中心であったが、近年NPOや民間施設の活用が求められている。NPOや民間施設で働く支援職への待遇は、日本でもさらなる議論の必要があるように思われる。

（4）利用者のための配慮

素晴らしいシステムやサービスがあっても、利用者がそれを知らなければ利用することは難しい。トロントでは、利用者が必要な情報を得られる仕組みについても検討されていた。近年開発された「311-Toronto at your Service」というウェブ検索システムは、ウェブ上で現在の状況（家族構成や収入の有無、障害や疾病の有無など）を入力することによって、受けられるサービスのリストとその申請方法を調べることができる。窓口があいている時間だけでなく、24時間365日利用できる。これらのサービスは、ニーズのある人のための福祉的サービスというだけでなく、トロントに住むだれもが必要とする幅広い情報が連続的に紹介されている。また、それぞれの組織にアドボカシーを担当するスタッフが配置されていた。トロントで行われていたアドボカシーは、権利擁護や政策提言などの活動というより、利用者への直接的なサービスが中心であった。その人が持っている権利を示し、利用できるサービスを紹介したり、そのサービスの申請の援助が行われていた。新しい事業を立ち上げるばかりではなく、既存のサービスを有効に活用するための工夫が重要であると感じた。

8　おわりに

トロントで出会った支援職の方々は、どなたもとても親切で、活動の内容やポリシーを丁寧に説明してくださった。とくにメンタルヘルス不調を抱える養育者への支援の難しさは、トロントの支援者も感じている共通の課題であると認識し、励ましの言葉をいただいた。

トロントで実践されている様々な取り組みについて共通して言えることは、「しっかりしたフレームワーク」と「柔軟で親切な対応」という二つの側面のバランスが非常に良いことである。国や州、市、団体それぞれのレベルの計画で、丁寧なリサーチとディスカッションが行われているようだった。そのため、視察チームの訪問時にはどの団体も分厚い資料を提供してくださったし、さらにウェブで検索すれば、詳細な情報が豊富に見つかった。残念ながら、比較のために探した日本の資料の方が入手困難ということもあった。根拠に基づいた計画、計画に基づいた支援が実践されているという当たり前のようなことに感動した。一方で、支援者はその計画に縛られるのではなく、計画を利用し、活用する人であるように筆者の目には映った。つまり、実態に合わない計画は修正され、改善されていくのである。支援者が大事にしているのは、目の前の家族であることは間違いないと感じた。

本書で紹介されている取り組みのように、日本にも優れた支援者、すばらしい取り組みはたくさんあると思う。さらに、支援者の持てる力を発揮するためには、根拠に基づいた枠組みを作成することと、支援が家族にうまく届いていない場合には、細かい点であっても修正していく柔軟性が必要であると考えている。

謝辞

本章で紹介させていただいたＣＡＳトロント、リージェントパーク・コミュニティヘルスセンター、アップルグローブ・コミュニティ・コンプレックス、ＯＦＡの皆様には、こころよく調査にご協力いただき誠にありがとうございました。たくさんの激励のことばをいただきました。また、視察先のコーディネートや現地での通訳については、トロントでＭＳＷとして活躍されている二木泉さんにご協力をいただきました。事前資料として、二木さんが作成してくださった日本語の資料も大変役立ちました。二木さんなしではこれほど豊富な情報を得ることはできなかったと思います。本当にありがとうございました。本稿執筆にあたり、インタビューデータや資料の日本語訳については、筆者の所属する親和性社会行動研究チームの大熊ラーナさんに、大変有益な助言をいただきました。丁寧に原稿をチェックしてくださり、ありがとうございました。

本稿の執筆の元となったトロント視察は、本書監修者でもある松宮秀髙先生と田中聡子先生のご尽力によって実現されました。この有意義な視察に同行させていただけたことに感謝申し上げます。

文献

（1）トロント市 The Changing Landscape of Toronto's Population（https://www.toronto.ca/wp-content/uploads/2018/01/94fc-Toronto_Geographic-Trends_Web-Version.pdf）

（2）トロント市 Toronto at a Glance（https://www.toronto.ca/city-government/data-research-maps/toronto-at-a-glance/）

（3）トロント市 Street Needs Assessment results（https://www.toronto.ca/legdocs/mmis/2013/cd/bgrd/backgroundfile-61365.pdf）

（4）厚生労働省「ホームレスの実態に関する全国調査（概数調査）の結果について」（http://www.mhlw.go.jp/stf/houdou/0000122778.html）

（5）トロント市　To Prosperity: Toronto Poverty Reduction Strategy, 2015

（6） Ministry of Children Community and Social Services, Ontario Social Assistance Monthly Statistical Report, 2018
（7） Mental Health Commission of Canada, Making the Case for Investing in Mental Health in Canada, 2016（https://www.mentalhealthcommission.ca/sites/default/files/2016-06/Investing_in_Mental_Health_FINAL_Version_ENG.pdf）
（8） 厚生労働省「精神疾患のデータ」（http://www.mhlw.go.jp/kokoro/speciality/data.html）
（9） BBC NEWS JAPAN ２０１８年６月20日、カナダ、娯楽目的の大麻使用を合法化へ
（10） A Framework for Ontario early childhood settings, 2007（http://www.edu.gov.on.ca/childcare/oelf/continuum/continuum.pdf）
（11） カナダ政府 Family violence in Canada: A statistical profile, 2015
（12） カナダ政府 Social determinants of health and health inequalities（"https://www.canada.ca/en/public-health/services/health-promotion/population-health/what-determines-health.html）
（13） オンタリオ人権委員会 Human Rights 101（http://www.ohrc.on.ca/en/learning/human-rights-101-2014-ed/welcome-human-rights-101）
（14） CAS Toronto,Annual report 2016-2017（http://www.torontocas.ca/sites/torontocas/files/AnnualReports/AR2016-17_Eng.pdf）
（15） 東京都「児童相談所のしおり」２０１７年（平成29年）版
（16） Ontario Ministry of Children, Community and Social Services, Reporting Child Abuse and Neglect: It's Your Duty（http://www.children.gov.on.ca/htdocs/English/childrensaid/reportingabuse/abuseandneglect.aspx）
（17） Ontraio Association of Child's Aid Societies, Ontario raises age of protection for youth from 16 to 18, 2018
（18） 福祉行政報告例「児童相談所における児童虐待相談の対応件数、被虐待者の年齢×相談種別別」平成28年度
（19） 福祉行政報告例「児童相談所における親権・後見人に関する請求件数、承認件数及び報告の件数」平成28年度
（20） Greater Toronto's Top Employers 100（http://www.canadastop100.com/toronto/）
（21） トロント市　Regent Park（https://www.toronto.ca/ext/sdfa/Neighbourhood%20Profiles/pdf/2016/pdf1/cpa72.pdf）

第６章
虐待ハイリスク世帯への支援システム
——要保護児童対策地域協議会の機能に着目して

田中聡子（県立広島大学）

子ども虐待防止のために虐待ハイリスク家庭を早期に発見し、適切な保護や支援を図るため２００４（平成16）年の児童福祉法改正によって要保護児童対策地域協議会（以下、要対協）が設置されるようになった。関係機関相互の連携や役割分担の調整を行い適切な支援につなげることが目的のひとつである。本章では要対協が有効に機能するための課題について検討する。これまでの要対協をめぐる政策動向を概括した上で、市町村の子ども虐待に関わる職員にたいする質的調査から考察する。

第１節　子ども虐待防止にたいする市町村の役割の動向

２０００（平成12）年に児童虐待防止法が制定された。その目的は「児童虐待の防止等に関する施策を促進するため、児童にたいする虐待の禁止、児童虐待の防止に関する国及び地方公共団体の責務、児童虐待を受けた児童の保護のための措置等を定めるものであること」である。つまり児童虐待の禁止、防止、虐待を受けた児童の保護を国及び地方自治体が責任を持って実施することになる。制定時の第４条「国及び地方公共団体は、児童虐待の早期発見及び児童虐待を受けた児童の迅速かつ適切な保護を行うため、関係機関及び民間団体の連携の強化その他児童虐待の防止等のために必要な体制の整備に努めるものとする」は、2004年一部改正において強化され、関係機関及び民間団体の連携強化のための必要な体制整備は「努めなければならない」となった。あわせて児童福祉法の一部改正によって「要保護児童対策地域協議会」が設置できるようになった。これ以降、子ども虐待にたいして市町村が果たす責務や求められる役割が質、量ともに増加した。市町村は子ども虐待の通告の窓口となり、要保護児童の進行管理をしなければならないことになった。2008年11月に成立した「児童福祉法等の一部を改正する法律」では、要対協の協議の対象を養育支援が特に必要である児童やその保護者、妊婦に拡大し、調整機関においては児童福祉司をはじめとする保健師、助産師、看護師、保育士、教員、児童指導員等の専門職を配置することが努力義務となった。

2016年の「児童福祉法等の一部を改正する法律」において市町村の責務はさらに明確化され、改正に伴う「通知」において「市町村は、基礎的な地方公共団体として、児童の身近な場所における児童の福祉に関する支援等に係る業務を適切に行うこととする（児童福祉法第3条の3第1項）。たとえば、施設入所等の措置を採るに至らなかった児童への在宅支援を中心となって行うなど、身近な場所で児童や保護者を継続的に支援し、児童虐待の発生予防等を図る」[注(1)]ことが示された。要対協は、子ども虐待に対して児童虐待防止法の目的である子ども虐待の予防や虐待を受けた子どもの保護や保護者の相談等、子ども虐待にたいして対応していくことが明確に規定されている。しかもその業務内容は極めて広く求められている。さらに、要対協の機能強化のため要対協の調整機関へ専門職を配置することが努力義務から義務となり、さらに当該専門職に研修を課して実効力を高めることが規定された。この主旨は要対協の職員の専門性を高めれば、要対協が子ども虐待予防にたいしてより有効に機能するだろうと考えられたからだろう。しかし、「専門性」の具体的な内容について明示されてはいない。

第2節　要保護児童対策地域協議会の現状

子ども虐待防止ネットワークは要対協として法制化され、2007（平成19）年に厚生労働省から「要保護児童対策地域協議会（子どもを守る地域ネットワーク）スタートアップ・マニュアル（以下スタートアップマニュアル）」[注(2)]）が公表された。

そこでは要対協ができることによって①早期発見・早期対応、②関係機関の連携、③担当者の意識変化が期待できると示されている。実際に要対協は3年後には8割以上の自治体で設置されるようになっている。

要対協は主には協議会なので多くの関係機関と子ども虐待防止について協議をする組織である。運営は調整機関と言われる事務局が担う。調整機関はケース・マネジメントが役割の一つであり、「要保護」と判断されたケースにたいして児童相談所と連携を取りながら関係機関を含めた支援ネットワークをつくるのが仕事になる。したがって直接支援を行う機関でなくても良いのである（193頁[(1)]）。

また、要対協は代表者会議、実務者会議、個別ケース検討会儀という三層の会議を基本構造としている。代表者会議は参加者が多く広範囲な部署からの代表が参加する会議である。開催頻度は少なくても良いようにスタートアップマニュアルでは示されている。実務者会議は実際に援助を行っている機関の実務者の代表によって、要保護児童の援助、進行管理や体制の検討、システムが円滑に機能するための検討が行われる。（21-22頁[(1)]）。定期的な開催や児童相談所との積極的な連携が必要とされている（スタートアップマニュアル：11）。個別ケース検討会議は援助にあたるものが課題を検討し、役割分担をすることにより具体的な援助を考えていく会議である（21-22頁[(1)]）。要対協は、虐待予防のネットワーク形成という面と個別のケース検討と管理というふたつの役割を持っている。したがって、調整機関は関係機関と連携する仕組みを整備しつつ、個別ケースに関わり、要保護児童にも直接的、あるいは間接的に関わることになると言える。

厚生労働省２０１８年度「要保護児童対策地域協議会の設置運営状況調査」において、要対協が設置されているのは全国１７４１市町村のうち１７２７（99・2％）であった。調整機関を担当する部署は、「児童福祉主管課」が１０２１（59・1％）で最も多く、次いで「児童福祉・母子保健統合主管課」が４０８（23・6％）であった。また、調整機関のうち、「家庭児童相談室を担っているもの」は８４２（48・8％）、「子育て世代包括支援センターを担っているもの」は１２２（7・1％）である。注(3) 実情は調整機関が子ども虐待対応を直接担当しているところが50％以上になる。調整機関の職員のうち、「専任」の者は２８８４名（35・9％）である。調整機関を担当する部署は子ども虐待ケースを担当しながら事務局担当者となり日々の対応と三層の会議の準備に追われていることが推察できる。

一方で、子ども虐待は毎年増加し、２０１７年度の虐待対応件数は、児童相談所で13万３７７８件となり過去最高であった。注(4) 虐待ケースは増加し、市町村の役割が強化され、要対協の役割も拡大していくのが現状である。

第3節　要保護児童対策地域協議会の課題

子ども虐待対応において市町村は最も身近な相談窓口としての役割だけでなく２０１６（平成28）年の児童福祉法改正からは「市町村は、児童及び妊産婦の福祉に関し、必要な支援を行うための拠点の整備に努めることとする」と規定された。これに伴い、要対協の役割もネットワークづくりや情報共有に加えて子ども虐待予防に効果的な役割を果たしているかなどの実効性が求められるようになった。そこで、これまでの先行調査から要対協の明らかになった課題について協議をする組織であるとすることとする。

要対協は前述のように、子ども虐待防止について協議をする組織である。従って組織として機能することが求められている。要対協を上手く機能させるには機関をどうマネジメントするかの視点が重要である。しかし、山野はマネージャーとメンバーとの関係性や組織におけるマネージャーのポジションなどの属人性を問う結果となっていると論じている（213‐218頁）[9]。マネージャーの役割を果たすのは現行では市町村の調整機関である。また、資格の有無だけでなく相談対応に十分長い経験のある職員の配置が必要である（81頁）[5]。経験年数の長い職員の配置は関係機関との連携や個別ケース検討会議開催の提案、進行管理会議の充実等が指摘されている（224頁）[8]。これにたいして加藤（13‐23頁）[2]や才村[6][7]（14‐17頁）は要対協の構造やあり方の課題と改善を指摘する。三層の会議の中でも、実務者会議が在宅支援に関して関係機関連携の要であると論じ（20‐21頁）[2]、要対協が機能するためには、実務者会議の構造やあり方の工夫が必要であると指摘している（10頁）[3]。さらに実務者会議の目的を進行管理のためか、事例検討のためかをより明確にし、会議の種類を機能別にすることを提言している（55頁）[3]。この点については才村も、困難事例など、現に対応している一部の個別ケースだけでなく、虐待防止ネットワークとして登録されているすべての虐待事例について把握する定例実務者会議が重要になってくると論じている（16‐17頁）[6]。さらに、才村は市町村と児童相談所の役割分担の明確化とチームで対応するためのケース・マネジメントが重要であると述べている（16‐17頁）[6]。

また、子ども虐待対応で実際に介入し、援助方針を決定する場は個別ケース検討会議である。重要な点は個別ケース検討会議で決定された援助が会議終了後にばらばらになされるのでなく、システマティックに連携し、チームで対応することである。そのためには主担当機関を明確化すること、ケース・マネジメントによって進捗状況の把握と調整を行うことが求められる（22－23頁）[7]。このように実務者会議のあり方や要対協の構造に課題がある点がこれまでの研究では示されている。そこで、幾つかの先進的な取り組みを行っている自治体の特徴として、事前の進行管理の打ちあわせを十分に行うこと、要対協の参加者とは日頃からネットワークを構築していることは、構成メンバーの目的意識を強く持っていること、長期間勤務している職員と有資格者の配置があげられている（228－229頁）[8]。

第４節　要保護児童対策地域協議会におけるマネジメントの現状と課題

要対協の調整機関に専門職の配置が規定された。では、要対協事務局の専門性とは何か、要対協は協議会であり、ネットワークである。従って要対協機能を高めることが調整機関の重要な役割である。先行研究から、要対協にとってマネジメント力の有無が要対協の有効性に影響すると考えられる。そこで、A県内の市町村要対協職員について実施した質的調査から要対協のマネジメントの現状と課題について考察する。

【調査データ】市町村要対協担当者研修に参加した30名にたいして「要保護児童対策地域協議会の課題」というテーマを基に２０１５年1月26日に行った約1時間30分のブレイン・ストーミングを実施したデータを用いる。

【倫理的配慮】

データ収集においては、協力者にたいし事前に調査の内容、目的等を示し、研究調査目的以外にはデータを利用しないこと、個人が特定されないように氏名や自治体名等は記号化すること、調査協力は任意であり学校が子どもの状況を把握し、見極める機能を高めた上で連携することが必要だ。

市町村や学校関係の相談・助言者である児相と通告する市町村との迅速・円滑な連携に課題がある。

直接会って情報を得て、共有することが支援に有効だ。

困難ケースの増加に対応するためには、専門性の高い職員の適正な人員配置・立場・研修システムが必要である。

機関・職種による認識・支援方法と範囲が異なることは調整の負担増だけでなくケースの結果にも影響する。

組織として機能するマネジメント体制や方法がバラバラだとチームでケースを共有することができず担当者の負担だけが増す。

図 6-1　要保護児童対策地域協議会におけるマネジメントの現状と課題

調査開始後の中止等の申し入れ等には応じることを口頭と文章で説明し、同意が得られた場合のみ実施することとした。本調査では参加者全員からその同意書の提出を得た。

【検討方法】１７４枚の元ラベルをＫＪ法に従って配置されたものを、多段ピックアップ方法をもちいて50枚にして、ＫＪ法によってまとめた。

ＫＪ法は文化人類学者川喜田二郎理学博士によって創案された問題解決のための発想法[4]で、フィールドで得た定性的なデータをまとめ思考する方法である。

本調査では六つの島（カテゴリー）が析出された（**図6－1**を参照）。以下ではこの六つのカテゴリーに沿って要対協の現状と課題について論じる。

（1）学校が子どもの状況を把握し、見極める機能を高めた上で連携することが必要だ。

要対協の重要な構成メンバーのひとつが教育機関や保育所である。子どもは一日の大半を保育所、幼稚園、学校で過ごす。「学校の関与により子どもの状況が把握できないとケースとして対応することが難しい」「教育部門と福祉部門はかみあわないところがあるが、学校は重要で情報共有ができるように連携を密にする」など学校との連携を強調する一方で、「親との関係を重視し、どこからの通報か言わないでほしいと（学校から）言われ、親に確認がとれない」等、連携の難しさについて示されている。学校と連携し、子どもの状況を把握することは、子どもの安否確認や今後の支援を考える上でも重要な鍵になると言える。

（2）直接会って情報を得、共有することが支援に有効だ。

個人情報は会議で配布された資料だけでなく、「個別ケース会議を重ね支援者の顔がわかると情報共有しやすくなる」と示されている。報告書だけでは、ケースを把握することは難しく、支援者どうしが実際に集まって検討することが重要だと言える。

（3）機関・職種による認識・支援方法と範囲が異なることは調整の負担増だけでなくケースの結果にも影響する。

要対協は協議会であり、子ども虐待予防について多機関、多職種が集まる場である。「会議を開くという準備だけで時間と気を使い神経を費やしてしまう」「まわりの関係機関の人たちと上手くやることに一番気を使い疲れる」など、関係機関との調整や準備が負担となっている。さらに、同じ機関でも担当者によって対応が異なることや、各機関により認識の違いがあり、ケースを共有することは相当に難しいことが示されている。こうした対応の違いは、ケースの結果に影響することになりかねないことも指摘されている。多機関、多職種連携は容易ではないと言える。

（4）市町村や学校関係の相談・助言者である児童相談所と通告する市町村との迅速・円滑な連携に課題がある。

市町村と児童相談所の連携については、市町村側としては児童相談所から市町村に対応を依頼する場合、ケースの詳細な情報や経過を伝達してもらいたいという要望が強いことがわかる。また、児童相談所は市町村の後方支援という重要な役割を担っているが、「スーパーバイズ機能を児童相談所が担う余裕がない」と見ている。一方で、「児童相談所に通告すべきケースが市町村で止まり、日数が経って対応が難しくなる場合がある」と指摘しているように、迅速な児童相談所との連携ができていない現状がある。児童相談所と市町村要対協の円滑な連携にはどちらの側にも課題があると言える。

(5) 困難ケースの増加に対応するためには、専門性の高い職員の適正な人員配置・立場・研修システムが必要である。

①質的にも量的にも負担の増しているケースに余裕を持って専門性を発揮できる研修・就労システムが必要だ。

要対協のケースは困難事例が増加し、市町村の相談職の負担が増加している。また相談職が要対協の事務局を担っている場合は、調整機関としての業務もケースの増加にともなってさらに増えている。「困難事例ばかりなのに研修もなく「専門職」というだけで任されたのでは支えがなく不安である」「教育・研修システムなどにより一定の専門性をつけてから職につくことが望ましい」という意見もある。一方で、一般行政職も担当課に配置されて、人事異動も定期的にあることが多い。専門職も一般行政職も専門性を高める余裕のない状況であることが示されている。

②メンタルヘルスケアは支援が難しいため専門家が参加できるように予算化してほしい。

困難事例には親にメンタルヘルス問題がある場合もあるが、「新たな精神の専門家をよぶほどの財政の裏づけが市にはない」ことがある。しかし、対応には苦慮しており、メンタルヘルスケアの専門家として精神保健福祉士との連携やチームへの参加のニーズは高い。

③組織の中で専門的な対応が求められる家庭相談員は正職員にしてほしい。

家庭相談員は子ども虐待対応の窓口を担っている場合が多い。さらに市町村によっては要対協の事務局であるところも散見される。「重要なポストなのに家庭相談員が嘱託職員というのはどうなのか」[8]という声があるように、非常勤で対応しているところもあり、正職員として身分の保障をしてほしいという要望は強い。

（6）組織として機能するマネジメント体制や方法がばらばらだとチームでケースを共有することができず、担当者の負担だけが増す。

①上司の判断と担当者の見立てが異なる。

調整機関の上司とは主に担当課の管理職になり、組織として働いている限りは報告や連絡だけでなく、緊急時の判断や許可を得ることになる。しかし、人事異動があり、上司との関係や子ども虐待にたいする理解や問題意識の共有が難しいことが指摘されている。「安否確認を上司が不必要と判断し納得のいかないことがある」「上司から必要ないと言われてもリスクを考えると訪問すべきであり、担当者として説明する労が多い」が示された。担当者から見れば、前述のような意見になるが、上司から見れば「なぜ訪問がこの場合必要なのか」であろう。チームで意見のちがうことはあり、問題はその時もお互いに意見を出しあいより良い方向性を見出すことであるが、そこまでの関係ができておらず、チームとして機能することが課題となる。

②ケース対応を誤ると望ましくない結果になるにもかかわらず、チームで支援する体制が十分でなく個人の負担が大きい。

業務が幅広く、上司や同僚も多忙であり、「要対協の運営からケース管理までひとりでやっているため偏りやマンネリ化がないか不安を感じる」など、担当者がひとりで担っていることもある。またどのように対応すべきか判断に迷うことがあり、チームで協議して対応することが必要だが、そのような体制になっていないと指摘している。

③事務者会議が形骸化し、ケースを検討し助言していく機能が発揮できない。

実務者会議においてケースを把握し、管理することが求められている。注(5) しかし、実務者会議の開催数が決められているわけではないので、1ヶ月に1回開催するところもあれば3ヶ月に1回、6ヶ月に1回のところもある。また、人口規模や自治体面積、子どもの数が違うため、どのように開催するのかは各自治体の裁量になっている。そこで自治体によっては「実務者会議を形式的に年2回するがケース検討はしていない」「実務者会議は3ヶ所を2ヶ月に一度行っているが、ケース数が多いと時間を要し報告のみになりがちである」というのが現状である。ケース管理までいかず、ケースの報告に終わっているという指摘がある。

④要対協の運営管理から個別のケースの終結まで基準や方法が示されていないので担当者の負担は大きい。実務者会議ではケースの進行管理をする。しかし、ケースの進行管理とはなにをどうするのかということまで具体化されてはいない。「会議の中でケースの終結について検討しているが基準が見えない」。つまり、新規や継続ケースが増える一方でどのケースを終結するのかを十分に検討できていないことがわかる。また事務局は、運営ノウハウがわからず手探りで行っている。「担当者が数年で代わってしまうと共通認識づくりなど運営上難しいと言える」「異動によって担当者が代わるため現状を知らないまま会議を進めている」というような状況が改善されていない。担当者の異動や交代は運営面で支障をきたすだけでなくケース対応にも影響することが示されている。「要対協を活発にするにはチームマネジメント力が必要だが、自分には力が足りず研修が必要」という声もある。研修だけでなく、「市町村の間で要対協のあり方がちがうのでそうしたことを話しあう場がない」など市町村担当者間での連携や研修の場が必要だという意見がある。

第5節　虐待ハイリスク世帯の早期発見、早期対応としての要保護児童対策地域協議会

子ども虐待への対応について市町村の役割が増えている。そのため、子ども虐待ケースの管理と関係機関との情報共有、重篤なケースにならないための見守りや早期対応を可能にするため、普段から関係機関がネットワークをつくることが必要であるということは、関係機関の間では認知され、だれもがそうありたいと考えているだろう。そのための機関が要対協である。要対協が機能することが子ども虐待予防になる。先行研究において、要対協が十分に機能しない理由として、市町村の事務局を担う担当課に専門職の配置がされていない、また研修が十分でない、従って職員の専門性が不足しているという指摘があった。

そこで2017年度からは、要対協調整機関に専門職の配置や研修が義務づけられた。しかし、要対協の専門性はなにか、特に調整機関にとっての専門性がなにかという議論がされないまま、子ども虐待対応の専門職として社会福祉士や児童福祉司を専門職として配置し、そのことによって要対協の専門性が担保できたと言えるのだろうか。

要対協は協議会であり、子ども虐待予防がその目的である。三層の会議体制は協議会として子ども虐待予防の仕組みをつくり、ケースを管理し、個別のケースに対応していくように機能することができる体制として整備されなければならない。つまり、要対協の運営を確実に行っていくことが求められているのであり、専門性のひとつはチームとして機能するためのマネジメントであると言える。市町村の調整機関に求められることは、子ども虐待チームを編成し、三層体制を構築し、連携や調整を円滑に実施することである。

そこで、調査結果を踏まえて以下の点が課題になる。

第一に、配置された専門職が専門性を発揮できるような体制であることが求められる。たとえば、実践経験が豊富である専門職が緊急対応を必要と判断したとき、同僚や上司が、緊急対応の必要性を共有しないとケース対応が難しい。職場内での見立てや判断が異なることは起こり得る。そうしたとき、カンファレンスによって問題を共有し、方向性を決定することを、組織としてできていることが重要になる。問題があれば、すぐにカンファレンスや担当者会議、打ち合わせができるような運営体制になっていることが必要であろう。また、組織内では、関係者が自由に自分の意見が言えることや、カンファレンスでは対等な立場で利用者にたいしてディスカッションができることなどが整っていることであろう。契約や嘱託職員の待遇であっても、正規公務員の上司とケースをめぐって対等に意見を交わすことができないと、関係者の不全感が高まると考えられる。

第二に、個別ケース検討会議は関係機関の専門職が集まるため、ケースが前に進み、改善に向かうことが期待できる。そのためにも、個別ケース検討会議が容易に開催できるような組織づくりが重要となる。要対協調整機関が実務者会議において個別ケース検討会議の必要性やケースの重みを示すことなどによって個別ケース検討会議の開催が容易になると考える。ケースを担当する専門職が躊躇することなくケースを前に進めていけるように調整機関が体制を整備する、即ちマネジメント力が必要となると言える。

第三に、学校や精神科等の他機関連携ができる組織であること、専門職が多職種、他機関連携をすることも重要であるが、マクロ、メゾレベルでの他機関連携、多職種の参入が容易にできる要対協マネジメントが求められる。

以上のようにマネジメントは先行研究の結果と同様に要対協にとって重要である。そこで、このマネジメントを有効に機能させていくものはなにかということについて考察する。

要対協事務局が、マネジメントに関する専門性を持つことが重要である。マネジメントとは単に会議を定期的に開催し、進行管理の帳票を整備するだけではなく、子ども虐待予防のための組織のマネジメントである。また、マネージャーは、子ども虐待の要因や対策、現在の子ども虐待の動向に対する知識を持っていることが前提であり、その上で、チームとして機能するチームマネジメントに関する専門性が必要である。ミクロの実践に高い臨床力がある人がチームマネジメントにおいても力を発揮できればよいが、それを可能にするには安定した正規の職員などの地位が必要だったりするだろう。あるいは、チームマネジメントを専らとする立場であることを組織内で共有できていることも必要であろう。加えて、調整機関が前述のように予防や早期対応のための協議会としての役割とケース介入や要保護児童及び保護者対応を担当することが兼務する部署の場合は、役割や業務の明確化が必要になろう。

子ども虐待の要因が貧困、子どもの発達上の課題、世帯の扶養力の低下、親のメンタルヘルスや親の疾病等が重なりあっている。それらに広く深く対応することが必要になってくる。ケースの見立てにおいて、様々な専門的な知識が必要となるため、関係機関は多岐にわたる。調整機関は、虐待対応のチームをマネジメントし、直接的あるいは間接的にケースに関わる。こうした多機関との調整やケース検討に担当者が躊躇することなく対応できる内部組織の構築が必要である。担当者に任せるけれど責任は押し付けないというスタンスが内部組織に浸透しなければマネジメント機能が発揮できないだろう。

調整機関の責任者や専門職が判断を求める立場の職位の管理職が、チームマネジメントに関する知識や技術が必要である。専門職が安心して培った専門性を発揮できるようなマネジメント力が問われることとなる。専門職の配置や担当職員の正規職員化はもちろんのこと、子ども虐待対応に経験豊富な専門職がより力を発揮できるチームマネジメントがシステムとして構築されなければならず、同時に専門職だけでなく、管理職も要対協マネジメントの研修が必要だと言えよう。

注

（1）厚生労働省ホームページ「児童福祉法等の一部を改正する法律の公布について（通知）」雇児発０６０３第1号平成28年6月3日 http://www.mhlw.go.jp/file/06Seisakujouhou11900000Koyoukintoujidoukateikyoku/h28kouhu.pdf (2018/5/30)

（2）厚生労働省ホームページ「要保護児童対策地域協議会（子どもを守る地域ネットワーク）スタートアップマニュアル」の公表について http://www.mhlw.go.jp/bunya/kodomo/dv14/ (2018/5/30)
これは、厚生労働科学研究「市町村及び民間団体の虐待対応ネットワークに関する研究」は、研究者：加藤曜子（流通科学大学教授）、研究協力者：安部計彦（西南学院大学准教授）らによって実施された研究の成果として作成されたものである。

（3）厚生労働省ホームページ「要保護児童対策地域協議会の設置運営状況調査結果の概要」
http://www.mhlw.go.jp/file/06Seisakujouhou11900000Koyoukintoujidoukateikyoku/0000163891.pdf (2018/5/30)

（4）厚生労働省ホームページ「平成29年度の児童相談所での児童虐待相談対応件数」http://www.mhlw.go.jp/content/11901000/000348313.pdf (2018/11/05)

（5）「要保護児童対策地域協議会の調整機関が、すべての虐待事例について進行管理台帳を作成することとし、実務者会議等の場において、定期的に（3ケ月に1度程度）、状況確認、主担当機関の確認、援助方針等について、チェックする仕組みを導入する」平成19年1月23日厚生労働省雇用均等・児童家庭局（通知）。http://www.mhlw.go.jp/houdou/2007/01/h0123-2.html (2018/5/30)

文献

（1）加藤曜子、安部計彦編『子どもを守る地域ネットワーク活動支援ハンドブック』中央法規、２００８年

（2）加藤曜子「市町村虐待防止ネットワーク（要保護児童対策地域協議会）のケースマネジメント――実務者会議の意義と児童相談所の役割」『流通科学大学論集』23（2）、２０１１年、13-23頁

（3）加藤曜子「要保護児童対策地域協議会全国市区町村悉皆調査」２０１３年
（4）川喜田二郎『ＫＪ法――渾沌をして語らしめる』中央公論新社、１９８６年
（5）川松亮「児童福祉法改正のポイント」『子どもと福祉』10巻、明石書店、２０１７年、78－84頁
（6）才村純「要保護児童対策地域協議会（児童虐待防止ネットワーク）を効果的に運営するために」『人権のひろば』15（6）、２０１２年
（7）才村純「市町村の児童家庭相談体制の現状と課題、方向性」『マッセＯＳＡＫＡ研究紀要』第16号、２０１３年、15－28頁
（8）八木安理子、加藤曜子、笹井康治、久保宏子「地域ネットワークの課題――要保護児童対策地域協議会における実務者会議と進行管理の課題に向けた地域の工夫」『子どもの虐待とネグレクト』18（2）、一般社団法人日本子ども虐待防止学会、２０１６年
（9）山野則子『子ども虐待を防ぐ市町村ネットワークとソーシャルワーク』明石書店、２００９年

第7章
メンタルヘルス問題のある親とその子どもを支えるまなざしと関わり

松宮透髙（県立広島大学）

第1節　メンタルヘルス問題のある親による子ども養育世帯支援の難しさ

本書では、まず調査知見をもとに子ども虐待と親のメンタルヘルス問題とが深く関連している状況について見てきた。同時に、生活問題や孤立、子育ての困難など多要因の複合が子育ての行き詰まりにつながる構造にも触れた。子ども虐待のこうした実態からすれば、その支援においてもメンタルヘルス問題への支援機能と生活支援に関わるソーシャルワーク機能は不可欠である。しかし、実際にはそのための専門職配置、研修やスーパービジョン機会の確保、児童福祉と精神保健医療福祉との認識共有や連携といった支援体制は十分整えられておらず、その中で支援者は困難感やストレスを抱えている状況を示した。これらから、メンタルヘルス問題のある親による子ども養育世帯とりわけ虐待が発生している可能性のある世帯への支援における困難さは、以下のように整理することができる。

（1）よくわからないままにメンタルヘルス問題のある親と関わる児童福祉

児童福祉領域には、精神保健医療福祉の専門職配置もその連携も乏しい。メンタルヘルス問題に関する研修機会もごく限られている。にもかかわらず、メンタルヘルス問題があり虐待的な子育てをしている親への支援頻度は多い。つまり、児童福祉領域の支援者は、身近に専門職がおらず、精神保健医療福祉との連携も乏しく、かつ研修機会も少ない中でそうした親と頻繁に接するという、まさに手探り状態に置かれている。

（2）精神保健医療福祉と認識が共有できず連携も乏しい

精神保健医療福祉領域はその反対に、児童福祉や子ども虐待問題に通じた専門職配置やその連携、子ども虐待に関する研修機会が少ない。医療機関に所属する精神保健福祉士への調査において、子ども虐待事例への支援経験が多いとする回答は1割に過ぎず児童福祉領域の相談援助職との間で子ども虐待に関する有意な認識差もみられるなど、この問題に関する当事者性は乏しいと言わざるをえない。情報共有と関係機関連携の場として設置された要保護児童対策地域協議会（以下、要対協）でも、協議対象世帯のうち平均して3割にメンタルヘルス問題がみられるにもかかわらず、精神科医や臨床心理士、精神保健福祉士の参画は乏しい。

（3）支援に際しての困難感とストレス

児童福祉領域における相談援助職はメンタルヘルス問題のある親への支援に強い困難感とストレスを感じており、家庭復帰についても厳しい見通しを抱く傾向がある。しかし、児童福祉領域が置かれた状況をみると、これはむしろ必然的な反応であり、この中で肯定的な認識に立った積極的な支援を展開することは難しいと考えられる。

（4）医療への過剰な期待と「丸投げ」が生む溝

メンタルヘルス問題の理解のしにくさ、医療が関与する領域にたいして非医療者は「わからない」「手を出してはいけない」と感じやすいこと、右記の通り困難感が強いことなどから、結果的に医療への「丸投げ」になってしまいがちである。児童福祉の専門職が大切な子どもに虐待をした親を「加害者」と認識してしまうこと、精神保健医療福祉の専門職が偏見や差別といった権利侵害から守るべき精神障害者への虐待「加害者」ラベリングに抵抗感を抱くことが、連携を阻害している可能性もある。「丸投げ」型のアプローチにたいして安易に抱え込まず、精神科治療が親の子育て機能の向上までを担えるわけではないと慎重な姿勢を崩さない精神保健医療福祉専門職は、逆に「冷たい対応をされた」「連携が難しい」と評されかねない。

（5）経済的基盤の不十分さ

児童に関する相談に応じ関係機関の調整を図る行政、措置費に基づき家庭復帰や家族再統合、親支援やアフターケアまでを業務内容とする児童福祉施設と比較すると、受診者にたいする診療報酬を財源とし非受診者やその子どもへの支援には対価を得られない精神科医療機関は、制度的・財源的に子ども虐待問題に参画するための基盤が弱いと言わざるをえない。なお、メンタルヘルス問題がある親であっても精神科受診をしているとは限らず、いわゆる「精神障害者」とも言い切れないことは既に指摘した通りである。

第2節　様々な「橋」に学ぶ

以上のような困難性の中にあって、メンタルヘルス問題のある親による子ども虐待をはじめ子ども養育への支援は大きな課題を抱えている。しかし、くり返し指摘してきたように、これは子ども虐待問題の中核的課題であり、その支援方策の確立は子ども虐待問題にとっても大きな意義がある。本書では、不十分な基盤の中でも卓越したまなざしと関わりの工夫により支援や研究を展開して来られた方たちからのご寄稿をいただき、そのまなざしと関わりについて学ばせていただいた。これらをこの困難な途に架ける様々な「橋」と捉え、これからの支援拡充に向けた参考にしたい。

以下、多様な取り組みから編者がとくに重要と考えた要点を簡単に整理しつつ、今後の支援拡充に向けた課題を提示して、最後のまとめに代えたい。

(1) まずは、支援の基盤となる体制整備が必要である

既に示した通り、子ども虐待の実態に照らせば、現在の支援体制には多くの不備があると言わざるをえない。児童相談所拡充の必要性が叫ばれて久しく実際にその方向へと動いてはいるが、緊急対応に追われている状況は変わらない。権限の強化や警察介入の方向性については議論が必要である。また、よく知られているように先進国はむしろ司法と支援が分業する方向にある。詳細に紹介する紙幅はないが、本研究で視察したパリでは、司法判事による判断に沿ってわが国の要保護児童対策地域協議会に相当する機能を持つ支援機関がケースマネジメントを担っていた。ちなみにソーシャルワーカーと同数の事務職員のチームも分業体制が整っており、ケースワークも記録管理もひとりで山のように抱えるといった「専門機能の浪費」が生じないシステムや、妊婦から母子もしくは乳児の支援が同じ施設内で一貫的に提供され、そこでは精神科医も連携するといった施設を目の前にして、わが国には根本的な発想の転換が必要と感じた。

白石優子さんに詳細にまとめていただいたトロントにおいても、たとえばわが国の児童相談所に相当する機関にソーシャルワーカーと看護師によるメンタルヘルス対応チームが配置されていた。親にメンタルヘルス問題のみられる世帯への困難感はわが国と共通していたが、そうした専門チームの存在は他のスタッフの安心と活性化につながっているとのことであった。また、児童相談所職員の多くが修士号を取得し、各自に割り当てられた年間の研修予算を使って研鑽を続け、重層的なスーパービジョン体制のもとでの明瞭なキャ

リアパスと高い所得を保障されるなど、質的な機能保障システムが印象的であった。

また、田中聡子さんには質的調査を通じた要保護児童対策地域協議会の課題整理をしていただいたが、ケースマネジメント、チームマネジメントに関する基本的な課題が浮き彫りになっていた。その多くは、臨床家であれば当然配慮し乗り越えるために工夫をしなくてはならない基本的な課題である。要対協が全国の自治体への設置がほぼ行き渡った今日、まさにその実質的な機能発揮に向けた議論を本格化させなくてはならない。平成29年度から始まった要対協職員の研修は緒に就いたばかりであり、メンタルヘルス問題やチームマネジメントに関する研修内容は必ずしも十分な水準とは言えない。研修体制を実質化し要対協の機能発揮につなげるためにも、研修プログラム開発から取り組まなくてはならない状況にある。

その中にあって、山城涼子さんの取り組みは、今後の要対協のあり方について多くの示唆をもたらしてくれる。検討世帯の実態は、こうした専門職による長期的かつ専門性の高いチームマネジメントを求めており、民間委託や民間専門職とのコラボレーションに向けたひとつの好例を示したものといえよう。なお、ご都合で寄稿はしていただけなかったものの、大牟田市要対協の実務者会議委員長には、児童養護施設等を運営する法人の社会福祉士である坂口明夫氏が委嘱されている。要対協を単なる協議会にとどめず、地域におけるネットワークの要として機能させておられる視点と幅広い取り組みは驚嘆に値する。全国には類似した形態をとる要対協が他にも存在しているかも知れないが、少なくともこのふたつの自治体の要対協の機能はきわめて高く、実務経験のあるソーシャルワーカーによる運営が持つ可能性を感じさせる。

むろん形式的な整備だけですべてがうまく進むはずはないが、肝心の人がいること、子ども虐待が発生する世帯やその地域の実態に即した支援機能を安定的に発揮できる臨床力やマネジメント力を持ち、かつその機能発揮を後押しする組織的なしくみが整っていることは、適切な機能発揮の基本的条件のひとつとなる。これらは先見性のある自治体が有能なソーシャルワーカーと出会えた偶発的な事例なのかも知れないが、そこに普遍的なシステムづくりのヒントを得ることは可能と思われる。

（2）親支援、子ども支援から世帯支援へ

子ども虐待に関して、支援者や研究者と議論をしていて気づいたのだが、子どもの支援者は「親の支援はいくらでもあるのに、子どもたちへの支援は不十分だ」と言い、精神科医療をはじめ親支援に関わる人は「子どもの支援は手厚いのに、親にはまったく支援が行き届いていない」と言われることが多い。精神保健福祉の立場からこの問題に着目してきた筆者は、やはり後者の印象を持っていた。子どもに関する相談機関、福祉施設、諸サービスはあるが、虐待するほどまでに追い詰められた親にあるのは社会的バッシングばかりではないかと。しかし、本当に必要でかつ最も欠けていたのは、「世帯支援」というまなざしであり、取り組みだったのかも知れない。

土田幸子さんは、メンタルヘルス問題のある親による子育てというテーマでの全国的な研究会を主宰された、おそらくわが国ではじめての方である。「親&子どものサポートを考える会」というネットワークを基盤に、メンタルヘルス問題のある親に育てられたかつての子どもたちのグループや多様な支援活動を継続的に開催してこられた。「精神に障がいのある親とその子どもの支援に関する学習会」は、そうした歩みの中で生まれ、緩やかでゆったりとした中にも着実な絆を関係者の間に生み出しはじめている。そんな土田さんからは、メンタルヘルス問題のある親と暮らし育ってきた子どもたちの肉声から見えてきたこと、その出会いと語りの場づくりの取り組みをご紹介いただいた。「子どもたちは、親の障害についての説明を受けていないことが多い」という鋭い視点は、親の支援者たちの課題でもある。家族や支援者からの「心配させたくない」という保護的なまなざしは、現実の厳しさを日々肌で感じている子どもたちに自分の苦しさに蓋をすることを暗に求めてしまっていたのかも知れない。筆者自身、かつて精神科病院のソーシャルワーカーとし

て関わってきた世帯の子どもたちに、なにもアプローチできていなかったことに改めて思い至った。子どもの支援を通して、家族の中にどのような力動が生じ、それが子どもたちにどのような影響を及ぼすのか、という視点をフィードバックしていただいたことの意義は大きい。

金井浩一さんと梁田英麿さんは、ともにわが国のACTをけん引してこられたソーシャルワーカーである。それぞれ仙台と京都に幾度となくお邪魔して、アウトリーチによる支援の実際についてお話を伺う機会をいただいた。利用者個々の暮らしに実に丁寧に関わっておられること、その人の持つ希望や力への信頼とそれを大切にした働きかけ、一緒に活動するスタッフへの細やかな気配り、既存の精神科病棟に安易に依存せず地域で支えるという静かな気概など、おふたりに共通するところは多い。そして、家庭に直接出向くからこそ「世帯全体に興味・関心」を持ち、世帯単位の「生きづらさ」や「家族の持つ文脈に沿って」関わることの重要性の指摘は、まさにその通りである。他のACTの実践者にもインタビューやアンケート調査へのご協力をいただいているが、祖父母世代、当事者の配偶者、子どもや関係者まで幅広い関与と、そこで浮かび上がってきた課題への具体的な支援、さらには関係機関へのアプローチ、就職支援や世帯が活用している支援機関等との調整にまで及ぶその取り組みは、まさに縦横無尽である。家族成員同士や地域との相互関係は、時に症状の再燃や次の問題を派生させ、結果的に当事者の不安定化をもたらす。世帯全体に働きかけ、環境を整え当事者の対応力を引き出すことが、メンタルヘルス問題のある当事者の安定と子ども虐待防止につながっている。このACTは直接ケアを提供しながら展開されるケースマネジメントの一類型でもあり、こうした世帯支援において最も有効性の高いアプローチではないかと考えている。

なお、ACTの多くが精神科診療所と訪問看護ステーションのネットワークで構成される中、訪問看護ステーション単体でメンタルヘルス問題のある親の子育て支援に取り組んでいる活動例もある。東大阪市の（有）オラシオン訪問看護ステーション「ふろーる」の精神保健福祉士である辻本直子さんも、訪問看護の枠組みをもちいながら親と子の総合的な支援に取り組んでおられる。重層的な訪問看護ステーションを基軸にした親子支援としては、立川市や八王子市を中心に活動されている株式会社「円」グループの寺田悦子さんらの取り組みも注目される。後述する浦河ひがし町診療所の川村敏明医師と伊藤恵里子精神保健福祉士の取り組みもまた、その視野を世帯全体に広げておられる。影響しあうユニットとしての世帯を、問題が生じているその中の個人としてではなく、ともに揺れつつ支えあう世帯として総合的に支援する視点は、きわめて重要である。

（3）可能性や力を信じ、「応援」すること

土田さんの指摘する「子どもたちは、家の状況を人に話してはいけないと思って生活してきたため、困ったことを伝えられずに抱え込んでしまう」という構造は、伊藤恵里子氏の言う「私はみんなより劣ったダメな母親だ」と考える親が孤立を深めてしまう構造と重なる。疎外感や孤立感の中で非生産的な悪循環に陥ってしまい「こうした状況にあるのは自分だけ」と思い込むと、自分を大切にできなくなる。だからこそ、信頼できる支援者に受け止められること、そして仲間と出会い自分を語ることのできる場と出会うことで、「同じような経験をした仲間がいる、私だけじゃなかったんだ」という気づきが重要な意味を持つ。当事者同士が安心して自分を語りあえる場の持つ可能性に希望を感じると同時に、その絶対的な機会は少ない。つまり、自分を語る場の重要性は、子どもにも、親にも、そして川村敏明さんが「支援される側の人たち自身が支援を必要としている」と言われるように支援者にも必要なのだ。

これらは、だれもが持っている可能性や力としての「ストレングス」に着目してその発揮を支援することの重要性を示しており、そのために自己肯定感を高め、力を高めていく「エンパワメント」に他ならない。この実践者らはそうした言葉ではなく、日常的な表現で、具体的な関わり方で、それらを形にして示しているように思えてならない。

（4）要保護児童対策地域協議会に問われるチームマネジメント力

北海道浦河町は、精神障害者たちが昆布やオリジナル・グッズを販売し、体験を講演で語る「べてるの家」の活動で有名になった町である。その活動を支えていた浦河赤十字病院のソーシャルワーカーの伊藤恵里子さんと精神科医の川村敏明さんとは、学生の精神保健福祉士実習や筆者自身の研究を通じて、十数年の交流をさせていただいている。同院の精神科病床の廃止とともに地域に診療所を構えられ、現在も病院時代から引き続き地域の精神保健医療福祉を支えておられる。とりわけ、メンタルヘルス問題のある親とその子どもの支援会議である「応援ミーティング」（浦河町要対協個別支援会議）と親たちの「あじさいクラブ」には、長らく定期的にお邪魔させていただいているが、その卓越したまなざしと取り組みは、本文に生き生きと描かれている通りである。本来は深刻で重苦しい雰囲気に陥りがちの話題ではあるが、この町では支援者たちが本当に「笑って」いる。日本の南でも、沖縄県糸満市の山城涼子さんが糸満市の要対協を「笑い」のある場にしようとしておられる。形こそちがえども、川村さんも山城さんも、スタッフや当事者の可能性を大切にし、荷物を降ろして別の角度から眺め直し「笑う」ことを通じ、当事者も支援者も主体的に問題に取り組み、かつ当事者・スタッフとも「応援」しあう関係づくりを大切にしておられる。そして、どちらの活動も最終的には「安心とつながりのある地域づくり」を志向しており、問題の解決というレベルではなく、そうした世帯も一緒に生きていけるコミュニティづくりに到達点を置いている。「応援には厚みがないとダメ」だからこそ、その活動は子ども虐待対策の専門機関にとどまらず、当事者も含めたネットワークへと拡げていくことが必要なのである。

（5）「無力の自覚」をつながりに昇華するという「専門性」

メンタルヘルス問題のある親による子ども虐待世帯への支援は、困難感とストレスをともなうとされていた。支援基盤は不十分で、連携も研修も足りないとされていた。事実、そうした世帯の家庭復帰支援は困難とも見込まれていた。これは「無力」そのものではないか。無論、何とかして支援体制を整え、多くの世帯を支え救うことは目ざさなくてはならないが、「無力」に対する「有力」は、目ざせども追えども、なかなか手に入らない。基盤や連携がシステムとしてそろうことは大切だが、それだけでは機能しないのではないか。川村医師の語る「無力の自覚」のあとには、だからこその連帯や支えあいの大切さが説かれている。もしかすると、こうした世帯への支援においては、困難性を直視し、かつ当事者や支援者の可能性を信じ高めあうことを大切にした価値観の共有もまた大切なのではないか。メンタルヘルス問題のある親を無力化し保護の対象にしてしまうのではなく、また連携できない関係機関同士が責めあうのでもなく、新たな視点から「応援しあう」構造を支援システムとして位置づけることが求められているように思う。

付表

表１　養育者（実母）の心理的・精神的問題等（心中以外の虐待死）

区分	例数	割合(%)
養育能力の低さ	174	29.2
育児不安	158	26.5
衝動性	75	12.6
うつ状態	74	12.4
精神疾患（医師の診断によるもの）	65	10.9
怒りのコントロール不全	64	10.7
攻撃性	63	10.6
感情の起伏が激しい	63	10.6
DV を受けている	52	8.7
高い依存性	48	8.1
産後うつ	34	5.7
自殺未遂の既往	27	4.5
知的障害	26	4.4
マタニティ・ブルーズ	19	3.2
妄想	17	2.9
幻覚	15	2.5
アルコール依存	10	1.7
躁状態	7	1.2
DV を行っている	7	1.2
薬物依存	6	1.0

（複数回答．数値は第３次から第 14 次までの総数 596 例中）
出典　厚生労働省「死亡事例検証報告（第 14 次）P.45」をもとに筆者改変

表2　養護問題発生理由別児童数

		養護施設	情短施設	自立施設	乳児院	合計
総数（構成割合%）		29,979	1,235	1,670	3,147	36,031
		100	100	100	100	100
父の精神疾患等		178	9	17	13	217
		0.6	0.7	1.0	0.4	0.6
母の精神疾患等		3,519	179	127	686	4,511
		11.7	14.5	7.6	21.8	12.5
父の放任・怠惰		537	27	77	9	650
		1.8	2.2	4.6	0.3	1.8
母の放任・怠惰		3,878	133	268	340	4,619
		12.9	10.8	16.0	10.8	12.8
父の虐待・酷使		2,183	161	152	82	2,578
		7.1	13.0	9.1	2.6	7.2
母の虐待・酷使		3,228	214	129	186	3,757
		10.8	17.3	7.7	5.9	10.4
虐待経験あり（%）		59.5	71.2	58.5	35.5	

出典　厚生労働省 児童養護施設入所児童等調査結果（平成25年2月1日現在）をもとに著者作成

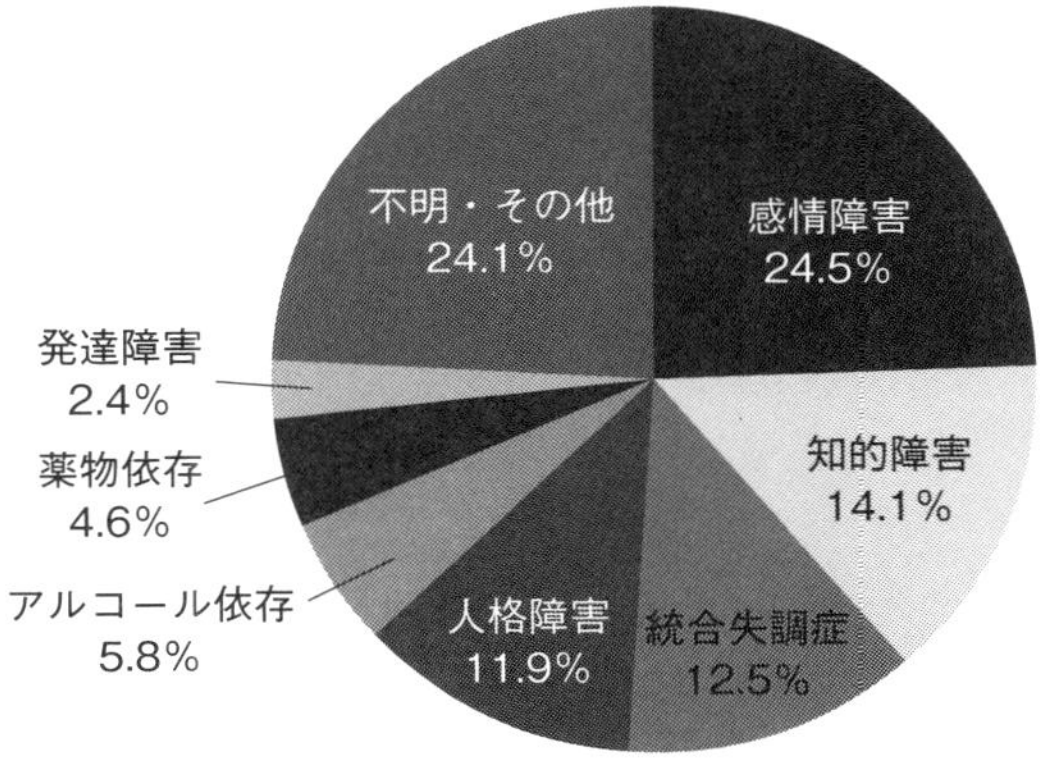

図1　虐待した親のメンタルヘルス問題

出典　松宮透高・井上信次（2010）「児童虐待と親のメンタルヘルス問題――児童福祉施設への量的調査にみるその実態と支援課題」『厚生の指標』57（10），6-12

表３　メンタルヘルス問題のある親による子ども虐待等調査の結果概要

調査名称	調査の特徴	被虐待児童の割合（%）	入所児童の親にメンタルヘルス問題がみられる割合（%）	被虐待入所児童のうち親にメンタルヘルス問題がみられる割合（%）
1. A 園調査	ひとつの児童養護施設を対象にした探索的なヒアリング調査。メンタルヘルス問題のある親による被虐待入所児童に関する状況を詳細に把握した。	67.2	38.8	57.8
2. 児童福祉施設全国調査	（児童養護施設のみ別掲）	51.3	32.9	44.0
	家庭支援専門相談員（FSW）が配置される全国の児童福祉施設への悉皆調査。341 施設の回答から親のメンタルヘルス問題等の状況を分析した。	49.1	34.8	46.1
3. 所属機関による認識比較調査（１）	児童福祉施設（施設）、児童相談と児童家庭支援センター（相談）、医療機関に所属する日本精神保健福祉士協会員（精神）を対象とした全数調査。所属機関による認識の比較を行った。	＊児童虐待事例において親にメンタルヘルス問題が含まれると感じる主観的な割合。施設は相談および精神との間で有意差あり（＜ 0.001）		施設：63.7 相談：58.3 精神：57.1
4. 入所児童全員の親の状況に関する５県調査	（児童養護施設のみ別掲）	67.9	44.7	67.8
	中国５県に所在する家庭支援専門相談員（FSW）が配置される児童福祉施設を対象に、全入所児童の親の状況等に関する回答を求め、家庭復帰支援への影響を分析した。	68.4	45.6	53.7
5. 所属機関による認識比較調査（2）	（児童養護施設のみ別掲）	68.7	40.6	46.0
	①要保護児童対策地域協議会、②児童福祉施設（母子生活支援施設を除いて集計）、③児童相談所、④児童家庭支援センター、⑤精神保健福祉士協会員が在籍する精神科医療機関等の全数を対象とした調査。メンタルヘルス問題のある親による子ども養育世帯支援への認識比較を行った。	61.8	41.5	48.4

出典　松宮透高（2008）「被虐待児童事例にみる親のメンタルヘルス問題とその支援課題――児童養護施設入所児童の調査を通して」『川崎医療福祉学会誌』18（1）、97-108。松宮透高・井上信次（2010）「児童虐待と親のメンタルヘルス問題――児童福祉施設への量的調査にみるその実態と支援課題」『厚生の指標』57（10）、6-12。井上信次・松宮透高（2010）「メンタルヘルス問題のある親による児童虐待へのファミリーソーシャルワーカーの認識：資格・経験年数がその問題認識や支援姿勢に及ぼす影響に焦点を当てて」『川崎医療福祉学会誌』20（1）、107-116。松宮透高・八重樫牧子（2013）「メンタルヘルス問題のある親による虐待事例に対する相談援助職の認識――児童福祉と精神保健福祉における差異を焦点として――」『社会福祉学』（53）4、123-136。松宮透高・井上信次（2014）「児童福祉施設入所児童への家庭復帰支援と親のメンタルヘルス問題」『厚生の指標』61（15）、22-27。松宮透高・田中聡子「要保護児童対策地域協議会の支援体制とその課題（２）メンタルヘルス問題のある親への支援を焦点に」（口頭発表）日本子ども虐待防止学会、2017 年 12 月 3 日（幕張メッセ）をもとに作成。

表４　親のメンタルヘルス問題の有無による家庭復帰見込みと支援の実施水準（単位　人、（　）内%）

親のメンタルヘルス問題	家庭復帰見込み					
	家庭復帰の可能性が高い	条件が整えば可能性あり	現状では判断できない	家庭復帰は相当困難である	家庭復帰は不可能に近い	合計
有	27（6.1）	65（14.8）	105（23.9）	155（35.2）	88（20.0）	440（100.0）
無	40（12.9）	90（29.0）	58（18.7）	57（18.4）	65（21.0）	310（100.0）
合計	67（8.9）	155（20.7）	163（21.7）	212（28.3）	153（20.4）	750（100.0）
	支援の実施水準					
	再統合に向け積極的に働きかけている	再統合を意識して働きかけている	親子関係維持・修復に向け働きかけている	機会に応じて親子交流を促す程度である	とくに家庭復帰支援は実施していない	合計
有	37（8.4）	65（14.8）	150（34.2）	129（29.4）	58（13.2）	439（100.0）
無	45（15.1）	43（14.4）	95（31.8）	76（25.4）	40（13.4）	299（100.0）
合計	82（11.1）	108（14.6）	245（33.2）	205（27.8）	98（13.3）	738（100.0）

注　家庭復帰見込み：$\chi^2 = 47.768, p<0.01$　支援の実施水準　$\chi^2 = 8.360, p = N.S.$
出典　松宮透髙・井上信次（2014）「児童福祉施設入所児童への家庭復帰支援と親のメンタルヘルス問題」『厚生の指標』61(15)、22-27.

おわりに――親と子、それぞれの立場、ほどよい関係への支援

監修者　黒田公美（理化学研究所）

本書は、メンタルヘルス問題をかかえる親が子育てに取り組む際、精神保健医療福祉がどう児童福祉と連携し、世帯ぐるみの支援をしていくかに関する、素晴らしい取り組みの事例集である。日本でこの分野を牽引する松宮透髙さんが日本中から選りすぐったドリームチームだけあり、どの章をとっても独自性の高い、地道でありながら前衛的ともいえる先駆的活動を展開されている。私はこのような親子支援の現場に関してまったくの素人で、錚々たる取り組みに感嘆するだけなのだが、たまたま「子ども虐待の養育者支援」プロジェクトの世話人を務めている立場上、的外れを覚悟の上で、動物の親子関係研究者としての感想を記してみたい。

親の子育てがないと成長できない哺乳類の子にとって、親は唯一無二のライフラインである。一方で親から見ると、子は自分の遺伝子（ゲノム）の半複製である。従って基本的に親と子は「運命共同体」のような関係にある。とはいえ、親子はそれぞれ意図的に自分の利益のために相手を利用しようとしているのではない。自然に子は親を慕い、親が子をかわいいと思い世話をしたくなる、そのような脳内メカニズムを備えているために協働しているのである（詳細は拙著２０１４年[1]、黒田公美他２０１６年[2]を参照されたい）。

一方、親と子の間には利害の対立もある。子は歩き疲れると運んでほしいとねだったり、餌をせがんで泣

き叫んだりする。一方で、親にとって子どもの世話は重労働であり、いつも子どものニーズを満たせるとは限らない。飢餓や病気など、避けられない逆境もあり、そのような場合には野生動物でも養育放棄がみられることも多い。また親は自分よりも弱く冷遇しても嫌われる心配のない子どもに対して暴力的に振る舞うこともある。人間で言えば八つ当たりでストレスを発散するような状態であろうか。このような中、親と子は互いに譲歩しあい、お互いがどうにか満足できる、ほどよい（Good enough な）関係の妥協点を探すことになる。子は虐待されるとより強くしがみつき、親をなだめ、場合によっては親の世話をすることで、なんとか親（の愛情）をつなぎとめようとすることもよくある。

このような動物の親子関係のあり方は、すべて人間にあてはめることはできないし、養育放棄のような行為が動物でも行われているからといって、現代の人間で容認されるわけではない。それを踏まえた上で、このような進化的・生物学的経緯を背負って親と子は存在していることは人間でも同じである。

人間の場合に戻ると、親と子の間にある立場のちがいは、それぞれの側への支援者の力点の置き方にも大きな影響を与えるであろう。児童福祉は当然ながら子の最善の利益のためにある。子の利益といってもいろいろな要素があるが、短期的にはもちろん、物理的な子どもの安全が最優先となる。一方でメンタルヘルス問題をかかえる親への精神医療・精神保健福祉の立場からは、本書に述べられた様々な実践に共通して示されたように、家族への専門家的介入というスタイルではなく、あくまでも当事者が主体で支援者は家族の困りごとに寄り添うスタイルが大切であろう。自ずから、急速な介入ではなく、時間をかけて家族との関係を築いていくことの重要性が高い。するとそれぞれの立場の支援者同士が、それぞれ一生懸命やろうとすればするほど対立してしまう場合があるとしても不思議ではない。地方自治体の福祉関係者から「そとから見ればみんな行政の福祉職なのに、母子保健、子ども家庭福祉、精神保健福祉の部署間で関係が悪いことも珍しくない」と伺ったことも数回ある。メンタルヘルス問題のある家庭の子どもの問題は、まさにこのような複数の福祉の隣接領域にあるため、どちらがどこまでやるのか、責任の押し付けあいになってしまうこともあるという。福祉だけでなく医療においても、対応困難な親への陰性感情を蓄積してしまう小児科の立場と、親と長期にわたり築いてきた関係から消極的になりがちな精神科の立場との間で、ひとつのケースに対して温度差が生じることもあるかも知れない。

この問題に関して、あるACTでの取り組み事例に深く考えさせられるものがあった。本書の元となったJaSPCANシンポジウムで紹介された事例で、発表者の同意を得て概要を説明する。

とある地域の一軒家からの女性の大声・暴言などの苦情が保健センターに寄せられた。ACTスタッフが訪問すると、支離滅裂な言動と拒絶的な対応で取り付く島もなく、家に入れてもらえない。以前に強制入院させられた外傷体験が背景にあった。配偶者を亡くし、家には子どもがふたりいるらしいのだが家から出ることがないようで、定期的に訪問しても会うことができず、生活実態がわからない状態がしばらくつづいた。児童相談所に要請し、長子の中学校にてカンファレンスを行うと、中学担任が一年前に一度会えたきりでそれ以降は母親が通してくれない状況であるという。ACTと保健センターが継続して訪問すると、母親は被害的で支離滅裂な会話の中で時に子どものことに触れ、「(第二子は)中学は出席していないが在籍させたい、卒業もさせたい」という思いが伝えられる。また長子には働きながらの通学への支援が欲しい、という願いもあった。これらのことから、表面的には拒絶的でありながら、母親は徐々にスタッフを信頼し、子どもへの支援を求めていることがわかってきた。そこでACTの別のスタッフが子ども支援の専門員としてスーツ姿で訪問し丁寧にあいさつすると、ついに長子に会うことができた。それを突破口に、定期的に長子と接触でき、家の中の様子もわかり、第二子とも文通を開始した。支援開始後3年目にして、ふたりの子と支援スタッフで外食するところまでこぎつけた。そこから外出の練習、復学、アルバイト探しと担当スタッフが付き添って子どもたちを支援して、現在ではふたりとも成人し、働きながら自分の生活を展開するに至っている。母親への服薬や受診への援助は第二子が進めているという。

この事例紹介のはじめの方で、会場で聞いていた私は「非常にていねいな関わりだけれど、もうすこし早く子どもとの関わりや復学支援が開始できなかったのだろうか」などと考えていた。そんなど素人の私に、支援の途中で長子が語ったという言葉が胸に刺さった。

「母親はおかしいし、困ることばっかりだけど、しょうがない。僕らにとってあんな母親でも母親にちがいない。僕らはこの環境があたりまえで生きてきたんです」

子ども支援の立場からは、早く子どもに会って安否を確認したい、復学にもこぎつけたいと焦る気持ちは当然あるだろう。しかし本事例では、子どもが比較的大きいという条件のもと、家族を脅かさず、時間をかけて母親との信頼を築き、それを基礎に子どもたちにも担当スタッフがついて、分離させず世帯ぐるみで応援した結果、ゆるやかにそれぞれが自分の人生を歩みはじめることができた。

この事例の示唆するところは非常に大きいと思われる。子どもが心配な家族を地域で支援すること――単にときどき様子を確認するという意味ではなく、子どもへの危険など家族の危機を未然に防ぐために積極的に支援するということ――は、分離よりも勇気のいる、また手間のかかる決断かも知れない。その決断ができる支援の実例は、本書の第2章ACT－Kや第3章の浦河町の例にみられる。第3章の最後の対談で川村医師は「(相談者が) 今日食べるものがないことがわかり、車で走って食料を届けに行く。それは単に食料を届けるのではない、こちらの覚悟を見せること、〈支援するよ！〉という意思を届けること。そして相手の覚悟も同時に問う」と言われた。このような「本物の」対人援助は、物質的な豊かさ・便利さはあっても人間同士のつながりは希薄になりがちな都市部では得難いのかも知れない。それに、３６５日24時間支援する覚悟があったとしても、万一ということもありうる。しかしだからといって「安心をとって分離」ということで良いのかどうか。

とはいえ、やはり子どもが心配だ、中学・高校という多感な時期、少しでも早く教育ネグレクトともいえる環境から脱し、復学することが子どもの利益ではないのかという考えもあるだろう。もちろんこの方針については児童相談所の判断であり、ＡＣＴの責任ではない。しかしさらに踏み込めば、仮に本事例で児童相談所が早期に強制的に介入・分離していたとしたら、最終的にこのような展開になっただろうかとも思う。どちらが良いのか、悩ましく、一律の答えはない。本来であれば、親の立場の代弁者、子どもの権利擁護者が独立にいて、全員が家族会議に参加し、当事者の意見を尊重しながら調整をするのがわかりやすく、実際海外におけるこの問題の先進諸国ではそのような制度になっている。しかし日本ではまだ、親の立場も子の立場も、往々にして現場の支援者が自分で考えなければならない。すべての場合に適用できるシンプルな正解はないのだから、結局、個別の事例ごとに悩み、あとになっても本当にそれで良かったのかどうかと振り返ることしかできないともいえる。

しかし少なくとも、目ざすべき方向として次のことははっきりいえる。

(1) 児童福祉司が精神保健福祉について、精神保健福祉士が児童福祉について知見を深めることで、互いの立場をもう少しわかりあうことができるのではないか。松宮氏はその問題意識から、児童福祉司がどの程度、メンタルヘルス問題への支援に関する知識を持っているか調査し、かつ出前講義＋グループワークという形で、福祉領域間の溝を埋める活動を行っている。また右記の事例の場合にＡＣＴのスタッフが精神保健福祉の領域を踏み越え、子どもにまで丁寧に寄り添った素晴らしい活動ができた背景に、思春期の子どもたちとその親双方の心情への深い理解があったことは疑いない。

（2）ひとつの家族の運命に関わる援助は支援者ひとりの肩には重すぎる。チーム型支援によるバックアップが不可欠である。本書にはこのテーマがくり返し現れるのでもはや説明の必要はないだろう。単にケース会議をするという意味ではなく、ケースロード・コントロールを含め、支援者が安心して支援に取り組める、実効性のある支援者支援体制が必要ということである。

親にとってのメリットと子にとってのメリットが必ずしも一致しないだけではなく、ひとりの親、ひとりの子の中で、その個人にとっての短期的なメリットと長期的なメリットが対立することも多い。子どもの生命の危機が疑われる場合に、一時保護することは当然子どもの利益である一方、少なくとも分離が長引いた場合、子の地域との結びつきが失われやすく、いざ施設を出るときに帰るところがない子どもをどう支援するかという難題が生じることが近年でははっきりしてきている。よって、分離するにしても、できるだけ早期に地域での見守りに切り替えることが、長期的には子どもにとっても良いのではないか。この問題に関し、地域の中で世帯全体を支える米国のWrap-aroundが示唆的である。(1) Wrap-aroundは、被虐待に限らず行動・情緒・精神面の課題などで要保護ニーズのある子どもを施設措置するより、家庭で暮らせるために必要な支援を地域で提供するほうがより経済的であり、かつ家庭や地域から長期間離れてしまうことで子どもに起こる副作用（荒れてしまう、地域の拠り所を失いケアから離脱するとたちまち孤立化してしまう）も抑えられる、という知見から生まれたという。(2) 固定的なサービス提供ではなく、支援チームをつくり家族のニーズにあわせて柔軟に支援する、個人でなく家族全体をサポートする、という特徴がある。

日本でも、子どもを保護した後、人手不足のために家族がケアを受けられないまま時間が経過するのではなく、

(3) 子どもの保護と同時に家族への支援を開始することで、できるだけ早期に安全な家族再統合が行えるように制度を整えるべきであろう(もちろん、再統合ありきではなく、子どもの安全確保を担保した上で)。海外では保護と同時、あるいは事例調査後早期の養育者支援開始が制度化している国もあり、日本でできないはずはない。そのための提言が私共の研究プロジェクトの骨子となっている。

そして、これも本書で既に述べられていることであるが、

(4) 継続性の高い対人援助のためには公私連携の強化が必要である。JaSPCANシンポジウムでは、「人と人の信頼関係に基づくかかわりが5年、10年と続いてはじめてケースが動き出す」「10年や20年のスパンでないと、人間の発達は見えない」等、継続した支援の必要が強調された。このような長期にわたる継続支援を異動の多い行政職が提供するのには無理があり、どうしても地域で活動する民間の診療施設や支援者が必要である。実際に、本書での素晴らしい取り組みの多くをはじめ、海外のWrap-around、ACTでも、身近で高いアウトリーチ性を備えた世帯ぐるみの支援を、民間の支援団体が行政の委託を受けて実施している。この問題を研究プロジェクトで調査したところ、日本でのこのような対人援助の公私連携には地域差が大きく、とくに大都市圏などでは①個人情報保護等を考慮した場合の委託契約業務の煩雑さ、②単年度の予算措置による予算執行の柔軟性の欠如(年度の切れ目に予算が使えなくなる)という問題が連携強化を阻む障壁として挙げられた。

しかし考えてみれば、右記①②は所詮、事務的な問題であり、対人援助の本質に関わる深淵な問いではない。こういうことなら、私共のような後方支援部隊にも、なにかできるのではないか。現場で活躍する支援者=センターフォワード陣の負担を軽くし、いいシュートを放ってもらえるように、いい形でパスを出したい。そのために、今後も細々とでも親子に関わる研究を継続し、微力ながら、本書に描かれているような親子と支援者の方々を応援していきたいと考えている。

本書の出版に至るまでの間、様々な方から多くの支援をいただいた。

まず本研究調査にあたり、激務の傍ら、数多くの質問に回答・協力するという並々ならぬ御尽力をいただいた、児童相談所や要保護児童対策地域協議会等の関係者の皆様、ご家族・当事者の皆様には、心からのお礼を申し上げたい。

本書の研究「養育者支援によって子どもの虐待を低減するシステムの構築」は、日本学術振興会の科学研究費補助金、及び科学技術振興機構 社会技術開発研究センター（ＲＩＳＴＥＸ）「安全な暮らしをつくる新しい公／私空間の構築」領域からの委託事業として行われた。山田肇領域代表、竹島正・吉田恒雄領域アドバイザーをはじめとするＲＩＳＴＥＸ領域の方々にいただいた貴重なご意見・ご指導の賜物である。

本書の構成の元となった日本子ども虐待防止学会（ＪａＳＰＣＡＮ）第23回学術集会ちば大会の関係者の皆様、私共のシンポジウムへの参加者の皆様にも、この場を借りて御礼させていただく。そして本書執筆にお誘いをいただき、また完成まで多大なる励ましをいただいた福村出版編集部の松山由理子氏に謝意を表したい。


本書に描かれた、「メンタルヘルス問題のある世帯における子育て支援」という、時としてどこから手を付けていいかわからないほど複雑で困難な実践に、日々、真剣かつ笑顔で取り組む人々の姿には本当に勇気づけられる。そして当事者の方々がそのような援助者や、同じような境遇にある人々と体験を分かちあいつつ、本来持っている力を発揮していく、その中でひとりの子どもが安心して育っていく……その姿は、さらに素晴らしいものがある。本書がこのような実践のひろがりの一助となれば幸いである。

注

（1）黒田公美「親子の愛と絆の脳科学」『科学』84、2014年、720-726頁

（2）黒田公美、白石優子、篠塚一貴、時田賢一「子ども虐待はなぜ起こるのか――親子関係の脳科学」『ここまでわかった！ 脳とこころ』加藤忠史編、日本評論社、2016年、16-24頁

文献

・Behar, L.（1986）A state model for child mental health services: the North Carolina experience. Child Today. 15:16-21.

・久保樹里「米国オレンジ郡に学ぶ家族再統合――ラップアラウンド導入の効果」（特集 子どもの育ちと家庭――今、問われる代替養育のありよう）（国内外の動向）『世界の児童と母性』2018年［Mother and child wellbeing around the world. 83:61-66.］

山城涼子（やましろ　りょうこ）［第４章］
1971 年生まれ
2006 年　日本社会事業大学大学院卒業
［現在］　医療法人　晴明会糸満清明病院地域医療・リハビリ部部長

白石優子（しろいし　ゆうこ）［第５章］
1985 年長崎生まれ
2017 年　早稲田大学大学院人間科学研究科博士課程単位取得退学
［現在］　理化学研究所脳神経科学研究センター研究員
［著書］　『共有する子育てとしてのアロマザリング』（分担執筆）金子書房 2018 年、他

田中聡子（たなか　さとこ）［第６章］
1961 年生まれ
2010 年　龍谷大学大学院博士後期課程修了
［現在］　県立広島大学保健福祉学部人間福祉学科教授
［著書］　『福島原発事故 取り残される避難者――直面する生活問題の現状とこれからの支援課題』明石書店 2017 年、『社会福祉研究のこころざし』法律文化社 2017 年、（共に分担執筆）、他多数

黒田公美（くろだ　くみ）［おわりに］
監修者紹介参照

執筆者紹介

松宮透髙（まつみや　ゆきたか）［はじめに、序章、第7章、付表］
編者紹介参照

土田幸子（つちだ　さちこ）［第1章］
1964年生まれ
2008年　三重県立看護大学大学院看護学研究科卒業
［現在］　鈴鹿医療科学大学看護学科准教授（精神看護学専攻）
［著書］　『看護師国試状況設定完全予想模試〈2016年版〉』成美堂出版 2015年、『統合失調症』医療ジャーナル社 2013年（共に分担執筆）、他

梁田英麿（やなた　ひでまろ）［第2章］
1970年生まれ
1995年　東京国際大学大学院卒業
［現在］　東北福祉大学せんだんホスピタル包括型地域生活支援室（S-ACT）室長
［著書］　『病棟に頼らない地域精神医療論』金剛出版 2018年、『回復のプロセスに沿った精神科救急・急性期ケア』精神看護出版 2011年（共に分担執筆）、他

金井浩一（かない　こういち）［第2章］
1976年生まれ
2001年　京都文教大学人間学部臨床心理学科卒業
［現在］　一般社団法人ライフラボ 相談支援事業所しぽふぁーれ
［著書］　『病棟に頼らない地域精神医療論――精神障害者の生きる力をサポートする』金剛出版 2018年、『日本で始めるACTチームの立ち上げ方――アウトリーチによる包括的地域生活支援のコツ』久美出版 2010年（共に分担執筆）

伊藤恵里子（いとう　えりこ）［第3章］
1967年生まれ
1998年　アメリカ・ミネソタ大学大学院ソーシャルワーク修士課程修了
［現在］　医療法人浦河ひがし診療所ソーシャルワーカー

川村敏明（かわむら　としあき）［第3章］
1949年北海道生まれ
1981年　札幌医科大学卒業
［現在］　浦河ひがし町診療所　医師
［著書］　『退院支援、べてる式』医学書院 2008年（共著）、他

監修者紹介

松宮透高（まつみや　ゆきたか）

編者紹介参照

黒田公美（くろだ　くみ）

1970年　東京都生まれ

1992年　京都大学理学部物理系卒業

2002年　大阪大学大学院医学系研究科博士課程修了

カナダ・マッギル大学附属ダグラス精神神経科病院附属研究所博士研究員を経て、

［現　在］ 理化学研究所脳神経科学研究センター親和性社会行動研究チーム・チームリーダー　医師

［著　書］ 『つながる脳科学――「心のしくみ」に迫る脳研究の最前線』（分担執筆）講談社 2016年、『アルツハイマー病の早期診断と治療――脳を知る・創る・守る・育む15』（分担執筆）クバプロ 2014年、他多数。

編者紹介

松宮透高（まつみや　ゆきたか）

1964年　山口県生まれ

1987年　日本福祉大学社会福祉学部卒業

1999年　日本社会事業大学大学院博士前期課程修了

2013年　東洋大学大学院博士後期課程修了

［現　在］ 県立広島大学保健福祉学部人間福祉学科准教授　専攻：社会福祉学

［著　書］ 『断ち切らないで――小さき者を守り抜く「子どもの家」の挑戦』（共著）ふくろう出版 2012年、『精神保健福祉に関する制度とサービス第3版』（分担執筆）中央法規 2014年、他多数。

子ども虐待対応のネットワークづくり1

メンタルヘルス問題《もんだい》のある親《おや》の子育《こそだ》てと暮《く》らしへの支援《しえん》

——先駆的支援活動例《せんくてきしえんかつどうれい》にみるそのまなざしと機能《きのう》

2018年 12月1日　初版第1刷発行

監修者　松宮透髙・黒田公美
編　者　松宮透髙
発行者　宮下基幸
発行所　福村出版株式会社
〒113-0034　東京都文京区湯島 2-14-11
電話　03-5812-9702　FAX　03-5812-9705
https://www.fukumura.co.jp
印刷・製本　中央精版印刷株式会社

ISBN978-4-571-42514-1　C3336　Printed in Japan